Taevas I

Ta valgus on kõige kallima kivi sarnane,
otsekui jaspis, mis hiilgab nagu mägikristall.

(Johannese ilmutus 21:11)

Taevas I

Särav ja Kaunis Kui Mägikristall

Dr. Jaerock Lee

Taevas I: Särav ja Kaunis Kui Mägikristall – Autor: Dr. Jaerock Lee
Kirjastaja: Urim Books (Esindaja: Kyungtae Noh)
73, Yeouidaebang-ro 22-gil, Dongjak-gu, Sõul, Korea
www.urimbooks.com

Autoriõigusele allutatud. Seda raamatut või selle osasid ei ole lubatud kirjastaja kirjaliku loata mingil kujul reprodutseerida, otsingusüsteemis säilitada ega edastada mingil kujul ega mingite elektroonsete, mehaaniliste vahenditega sellest fotokoopiaid ega salvestusi teha ega seda mingil muul viisil edastada.

(Piiblitsitaadid: Piibel, Tallinn, 1997 – Eesti Piibliseltsi väljaanne)

Autoriõigus © 2016 Dr. Jaerock Lee
ISBN: 979-11-263-0111-9 04230
ISBN: 979-11-263-0112-6 (set)
Tõlke autoriõigus © 2003 Dr. Esther K. Chung. Kasutatud autori loal.

Eelnevalt avaldatud korea keeles: Urim Books, 2002

Esmaväljaanne Juunis, 2016

Toimetaja: Dr Geumsun Vin
Kujundaja: Urim Books toimetusbüroo
Trükkija: Prione Priting Company
Lisateabeks võtke palun ühendust aadressil: urimbook@hotmail.com

Eessõna

Armastuse Jumal ei juhata iga usklikku mitte vaid päästeteele, vaid Ta ilmutab ka Taeva saladusi.

Inimesel on vähemalt kord eluaja jooksul tekkinud küsimusi nagu: „Kuhu ma lähen pärast elu selles maailmas?" või „Kas Taevas ja Põrgu on tõesti olemas?"
Paljud surevad isegi enne kui nad leiavad neile küsimustele vastused või isegi kui nad usuvad elusse pärast surma, ei saa igaüks Taevasse, sest igaühel ei ole õigeid teadmisi. Taevas ja põrgu ei ole fantaasia, vaid vaimusfääri reaalsus.

Teisest küljest on Taevas niisugune ilus koht, mida ei saa võrrelda millegagi siin maailmas. Eriti ei saa küllaldaselt kirjeldada ilu ja õnnelikkust Uues Jeruusalemmas, kus asub Jumala aujärg, sest see on tehtud parimast materjalist ja taevaste oskustega.
Teisalt, põrgu on täis lõputut traagilist valu ja igavest karistust; raamatus *Põrgu* selgitatakse põhjalikult selle kohutavat tegelikkust. Jeesus ja apostlid rääkisid meile Taevast ja põrgust ja isegi tänapäeval saab Jumala rahvas, kellel on siiras usk Jumalasse,

selle kohta üksikasjalikke ilmutusi.

Taevas on koht, kus Jumala lastel on igavene elu ja neile on valmistatud kirjeldamatud, ilusad ja imelised asjad. Seega te saate neist asjadest üksikasjaliku teadmise ainult siis kui Jumal lubab ja näitab seda teile.

Ma palvetasin ja paastusin pidevalt seitse aastat, et Taeva kohta rohkem teada saada ja Jumal hakkas mulle vastuseid andma. Nüüd näitab Jumal mulle vaimumaailma saladusi rohkem ja sügavamalt.

Kuna Taevas ei ole nähtav, on Taevast selle maailma keele ja teadmistega väga raske kirjeldada. Selle kohta võib esineda ka väärarusaamasid. Sellepärast ei saanud apostel Paulus nägemuses nähtud Kolmanda taeva Paradiisist üksikasjalikult rääkida.

Jumal õpetas mulle samuti palju saladusi Taeva kohta ja palju kuid jutlustasin ma õnnelikust elust ja erinevatest taevastest asukohtadest ja autasudest, mida saadakse vastavalt usu mõõdule. Aga ma ei saanud lähemalt rääkida kõigest, mida ma teada saanud olin.

Jumal lubab mul käesoleva raamatu kaudu vaimumaailma saladused teatavaks teha selleks, et päästa võimalikult palju hingesid ja juhatada nad Taevasse, mis on selge ja kaunis kui mägikristall.

Ma tänan Jumalat ja annan Talle kogu au selle eest, et Ta

Eessõna

tegi võimalikuks *Taevas I: Särav ja Kaunis Kui Mägikristall* kirjastamise, seal kirjeldatakse kohta, mis on selge ja kaunis kui kristall ja täidetud Jumala auga. Ma loodan, et te mõistate Jumala suurt armastust, mis näitab teile taevaseid saladusi ja juhatab kõik inimesed pääsemise teele, et teiegi võiksite saada Taevasse. Ma loodan samuti, et te jooksete Uue Jeruusalemma igavese elu eesmärgi suunas.

Ma tänan Geumsun Vini, toimetusbüroo direktorit ja tema töötajaid ja tõlkebürood selle raamatu avaldamiseks tehtud suure töö eest. Ma palun Isanda nimel, et paljud hinged võiksid selle raamatu kaudu päästetud saada ja nautida igavest elu Uues Jeruusalemmas.

Jaerock Lee

Sissejuhatus

Lootes, et igaüks teie seast saab aru Jumala kannatlikust armastusest ja saavutab tervikliku vaimu ning jookseb Uue Jeruusalemma poole.

Ma tänan Jumalat kõige eest ja annan Talle au, sest Ta on toonud *Põrgu* ja kaheosalise raamatu *Taevas* kirjastamise kaudu paljud inimesed vaimumaailma õige arusaama juurde ja nad jooksevad eesmärgi suunas taevalootusega.

See raamat koosneb kümnest peatükist ja sealt saab teada selgelt taevase elu ja ilu ja erinevate taevaste asukohtade ning tasude kohta, mida antakse vastavalt inimese usumõõdule. Seda ilmutas Jumal Reverend Dr. Jaerock Leele Püha Vaimu sisendusel.

1. peatükis „Taevas: Särav ja kaunis kui mägikristall" kirjeldatakse Taeva igavest õnne, vaadeldes selle üldist väljanägemist, kus pole vaja ei päikese- ega kuupaistet.

2. peatükis „Eedeni aed ja Taeva ootekoht" selgitatakse

Taeva paremaks mõistmiseks Eedeni aia asukohta, väljanägemist ja elu seal. Selles peatükis räägitakse ka Jumala plaanist ja ettenägelikkusest aeda hea ja kurja tundmise puu panemisel ja inimolendite vaimsel kasvatamisel. Veel enam, seal räägitakse ootekohast, kus päästetud inimesed ootavad Kohtupäevani ja elust selles kohas ja missugused inimesed saavad otsekohe, ilma ootamise vajaduseta Uude Jeruusalemma sisse minna.

3. peatükis „Seitsme aasta pikkune pulmapidu" selgitatakse Jeesuse Kristuse Teist tulekut, Seitsmeaastast katsumusteaega, Isanda maa peale tagasitulekut, Tuhandeaastast rahuriiki ja igavest elu pärast seda.

4. peatükk „Taeva loomisest alates varjul olnud saladused" hõlmab Taeva saladusi, mis avanesid Jeesuse tähendamissõnade kaudu ja seal räägitakse, kuidas saada Taevasse, kus on palju eluasemeid.

5. peatükis „Kuidas Taevas elatakse?" selgitatakse vaimse ihu kõrgust, kaalu ja nahavärvi ja kuidas Taevas elatakse. Selles peatükis õhutatakse teid mitmete rõõmsa taevase elu näidete varal suure taevalootusega Taeva suunas jõuliselt edasi liikuma.

6. peatükis „Paradiis" tuuakse selgitusi Taeva madalaima

taseme – Paradiisi kohta, ometi on see praegusest maailmast palju ilusam ja õnnelikum koht. Seal kirjeldatakse ka, missugused inimesed lähevad Paradiisi.

7. peatükis „Esimene taevas" selgitatakse elu ja autasusid Esimeses Taevas, kus on need, kes võtsid Jeesuse Kristuse vastu ja püüdsid Jumala Sõna alusel elada.

8. peatükis „Teine Taevas" süüvitakse ellu ja autasudesse Teises Taevas, kuhu lähevad need, kes ei saavutanud täit pühadust, kuid täitsid oma kohust. Seal toonitatakse ka kui tähtis on sõnakuulelikkus ja kohusetäitmine.

9. peatükis „Kolmas Taevas" selgitatakse, missugune ilu ja au on Kolmandas Taevas, mida ei saa Teise Taevaga võrrelda. Kolmas Taevas on koht, kuhu lähevad vaid need, kes loobuvad oma jõupingutuste varal ja Püha Vaimu abiga kõigist oma pattudest – isegi neist, mis on neile loomuomased. Seal selgitatakse, milline on läbikatsumisi ja katsumusi lubava Jumala armastus.

Viimaks tutvustatakse 10. peatükis „Uus Jeruusalemm" Uut Jeruusalemma, mis on Taeva kõige ilusam ja aulisem koht, kus asub Jumala aujärg. Seal kirjeldatakse, missugused inimesed saavad Uude Jeruusalemma minna. Peatüki lõpus antakse lugejatele lootust kahe Uude Jeruusalemma mineva inimese eluaseme näite varal.

Jumal on oma armastatud laste jaoks valmistanud Taeva, mis on selge ja ilus kui mägikristall. Ta tahab, et võimalikult paljud saaksid päästetud ja ootab pikisilmi oma laste saabumist Uude Jeruusalemma.

Ma loodan Isanda nimel, et kõik *Taevas I: Särav ja Kaunis Kui Mägikristall* lugejad saaksid aru Jumala suurest armastusest ja saaksid terviklikku vaimu Isanda südamega ning jookseksid söakalt Uue Jeruusalemma suunas.

Geumsun Vin
Toimetusbüroo direktor

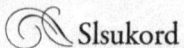
Slsukord

Eessõna
Sissejuhatus

1. peatükk **Taevas: Särav ja kaunis kui mägikristall • 1**
    1. Uus Taevas ja uus maa
    2. Eluvee jõgi
    3. Jumala ja Talle aujärgg

2. peatükk **Eedeni aed ja Taeva ootekoht • 19**
    1. Eedeni aed, kus elas Aadam
    2. Inimesi kasvatatakse maa peal
    3. Taeva ootekoht
    4. Inimesed, kes ei viibi ootekohas

3. peatükk **Seitsme aasta pikkune pulmapidu • 45**
    1. Isanda tagasitulek ja seitsme aasta pikkune pulmapidu
    2. Tuhandeaastane rahuriik
    3. Taevane tasu pärast kohtupäeva

4. peatükk **Taeva loomisest alates varjul olnud saladused • 67**
    1. Taeva saladused tehti avalikuks juba Jeesuse tulekuajast
    2. Lõpuajal ilmutatud Taeva saladused
    3. Minu Isa kojas on palju eluasemeid

5. peatükk **Kuidas Taevas elatakse?** • 93

  1. Üldine eluviis Taevas
  2. Riietus Taevas
  3. Toit Taevas
  4. Transport Taevas
  5. Meelelahutus Taevas
  6. Ülistus, haridus ja kultuur Taevas

6. peatükk **Paradiis** • 117

  1. Paradiisi ilu ja õnn
  2. Missugused inimesed lähevad Paradiisi?

7. peatükk **Esimene Taevas** • 133

  1. Selle ilu ja õnn ületavad Paradiisi
  2. Missugused inimesed lähevad Esimesse taevasse?

8. peatükk **Teine Taevas** • 145

  1. Igaüks saab ilusa eramaja
  2. Missugused inimesed lähevad Teise taevasse?

9. peatükk **Kolmas Taevas** • 161

  1. Inglid teenivad iga jumalalast
  2. Missugused inimesed lähevad Kolmandasse taevasse?

10. peatükk **Uus Jerusalemm** • 177

  1. Uue Jeruusalemma inimesed näevad Jumalat palest palgesse
  2. Missugused inimesed lähevad Uude Jeruusalemma?

1. peatükk

Taevas:
Särav ja kaunis kui mägikristall

1. Uus Taevas ja uus maa
2. Eluvee jõgi
3. Jumala ja Talle aujärg

Ta näitas mulle eluvee jõge,
säravat nagu mägikristall.
See saab alguse Jumala ja Talle troonist.
Keset linna tänavat
ja mõlemal pool jõge on elupuu,
mis kannab vilja kaksteist korda,,
andes iga kuu oma vilja,
ning puu lehed annavad
tervist rahvastele.
Ja midagi äraneetut ei ole enam.
Jumala ja Talle troon on seal
ning Ta sulased teenivad Teda
ning näevad Tema palet
ning Tema nimi on nende otsaesisel.
Ja ööd ei ole enam
ning neile ei ole vaja lambivalgust
ega päikesevalgust,
sest Isand Jumal ise valgustab neid,
ning nemad valitsevad kuningatena
igavesest ajast igavesti.

- Johannese ilmutus 22:1-5 -

Paljud panevad imeks ja küsivad: „On öeldud, et meil võib Taevas olla igavene ja õnnelik elu – kuid missugune koht see tegelikult on?" Kui te kuulete Taevas käinute tunnistusi, võite te kuulda, et suurem osa neist läbis pika tunneli. See sündis tollepärast, et Taevas on vaimumaailmas, mis erineb väga palju sellest maailmas, kus teie elate.

Need, kes elavad selles kolmemõõtmelises maailmas, ei tea Taeva kohta lähemalt. Te tunnete seda imelist maailma, mis asub ülalpool kolmemõõtmelist maailma, vaid siis kui Jumal räägib teile sellest või kui teie vaimusilmad avanevad. Kui te tunnete vaimumaailma lähemalt, ei ole üksnes teie hing õnnelik, vaid ka teie usk kasvab kiiresti ja Jumal armastab teid. Seega, Jeesus rääkis teile taevariigi saladustest paljude tähendamissõnade kaudu ja apostel Johannes selgitas Taeva kohta lähemalt Johannese ilmutuses.

Missugune koht on siis Taevas ja kuidas inimesed elavad seal? Te vaatlete lühidalt lähemalt Taevast, mis on särav ja kaunis kui mägikristall ja mille Jumal tegi, et oma armastust oma lastega igavesti jagada.

1. Uus Taevas ja uus maa

Jumala loodud Esimene Taevas ja esimene maa olid säravad ja kaunid kui mägikristall, kuid need langesid esimese inimese Aadama sõnakuulmatuse tõttu needuse alla. Samuti, kiire ja laiaulatuslik industrialiseerimine ja teaduse ja tehnoloogia areng

Taevas I

on seda maad saastanud ja üha enam inimesi kutsub tänapäeval üles loodust kaitsma.

Seega seab Jumal õige aja saabudes Esimese Taeva ja esimese maa kõrvale ja ilmutab uut Taevast ja uut maad. Isegi kui see maa on saastatud ja kõdunenud, on see ikkagi vajalik, et kasvatada tõelisi Jumala lapsi, kes võivad Taevasse minna ja lõpetavad seal.

Alguses lõi Jumal maa ja siis inimese ja viis inimese Eedeni aeda. Ta andis inimesele maksimaalse vabaduse ja külluse ja lubas talle kõike, välja arvatud hea ja kurja tundmise puust söömist. Kuid inimene astus üle ainsast Jumala keelatud asjast ja aeti pärast välja sellele maale, kus asus Esimene Taevas ja esimene maa.

Kuna Kõigeväeline Jumal teadis, et inimkond läheb surma teed, valmistas Ta Jeesuse Kristuse isegi enne aja algust ja saatis Ta sobival ajal selle maa peale.

Seega, kes iganes võtab vastu ristilöödud ja ülestõusnud Jeesuse Kristuse, muutub uueks looduks ja läheb uude Taevasse ja uuele maale, elades igavesti.

Uue Taeva mägikristallina särav sinine taevas

Jumala valmistatud uue Taeva taevas on täis puhast õhku, mis teeb selle tõeliselt selgeks, rikkumatuks ja puhtaks, erinevalt selle maailma õhust. Kujutage ette säravat kõrget taevast, kus on puhtad valged pilved. Kui imepärane ja armas see on!

Miks siis Jumal teeb uue taeva siniseks? Sinine värv paneb inimest vaimset sügavust, kõrgust ja puhtust tundma. Vee sinine värvus tähistab puhtust. Sinisesse taevasse vaadates tunneb inimene, kuidas see värskendab ka ta südant. Jumal tegi selle maailma taeva sinist värvi, sest Ta tegi inimsüdame puhtaks ja andis inimesele südame Looja otsimise jaoks. Kui inimene suudab sinisesse selgesse taevasse vaadates tunnistada: „Mu Looja peab olema seal üleval. Ta tegi kõik nii ilusaks!" muutub ta süda puhtaks ja ajendab teda hästi elama.

Mis siis, kui kogu taevas oleks kollane? Selle asemel, et tunda end mugavalt, tunneksid inimesed ebamugavust ja oleksid segaduses ja mõned võiksid isegi vaimsete häirete all kannatama hakata. Samamoodi võivad eri värvid inimeste mõtteid vastavalt liikuma panna, värskendada või segadusse ajada. Sellepärast tegi Jumal uue Taeva taeva siniseks ja pani sinna puhtad valged pilved, et Ta lapsed võiksid elada õnnelikult selge ja kristallkauni südamega.

Taeva puhtast kullast ja vääriskividest tehtud uus maa

Missugune on siis Taeva uus maa? Taeva uuel maal, mille Jumal tegi puhtaks ja säravaks kui mägikristall, ei ole mulda ega tolmu. Uus maa on tehtud vaid puhtast kullast ja vääriskividest. Kui lummav on olla Taevas, kus on puhtast kullast ja vääriskividest tehtud säravad teed!

See maa on tehtud mullast, mis võib aja jooksul muutuda. See muudatus räägib tähendusetusest ja surmast. Jumal lasi kõikidel taimedel kasvada, vilja kanda ja mullas kõduneda, et teha arusaadavaks elu lõpp selle maa peal.

Taevas on tehtud puhtast kullast ja vääriskividest, mis ei muutu, sest Taevas on tõene ja igavene maailm. Samamoodi, just nii nagu taimed kasvavad selle maa peal, kasvavad nad istutatult ka Taevas. Aga nad ei sure ega kõdune kunagi maapealsete

5

taimede moodi.

Lisaks, ka mäed ja kindlused on tehtud puhtast kullast ja vääriskividest. Kui särav ja ilus see on! Teil peaks olema tõeline usk, et te ei jääks ilma tolle ilu ja taevase õnneta, mida on raske sõnadesse panna.

Esimese Taeva ja Esimese maa kadumine

Mis juhtub Esimese Taeva ja Esimese maaga, kui see ilus uus Taevas ja Uus maa saavad ilmsiks?

Ma nägin suurt valget trooni ning seda, kes sellel istub, kelle palge eest põgenesid maa ja Taevas, ning neile ei leidunud aset (Johannese ilmutus 20:11).

Ma nägin Uut Taevast ja Uut maad; sest Esimene Taevas ja Esimene maa olid kadunud ning merd ei olnud enam (Johannese ilmutus 21:1).

Kui selle maa peal kasvatatud inimeste üle mõistetakse hea ja kurja alusel kohut, kaovad Esimene Taevas ja Esimene maa. See tähendab, et need ei kao täielikult, vaid viiakse selle asemel hoopis teise kohta.

Miks siis Jumal liigutab Esimest Taevast ja Esimest maad, selle asemel, et neist täielikult vabaneda? Kui Ta nad täielikult eemaldaks, kaotaksid Tema Taevas elavad lapsed Esimese Taeva ja Esimese maa. Isegi kui nad kogesid kurbust ja raskusi Esimeses taevas ja Esimese maa peal, igatsevad nad vahel seda kohta, kuna see oli kunagi nende kodu. Seega, armastuse Jumal teab seda ja viib need universumi teise osasse ja ei vabane neist täielikult. Universum, kus te elate, on lõputu maailm ja sisaldab palju muid universumeid. Seega Jumal viib Esimese Taeva ja Esimese maa universumite ühte nurka ja laseb Oma lastel neid kohti vajadusel külastada.

Ei ole pisaraid, muret, surma ega haigusi

Uues Taevas ja Uuel maal, kus elavad Jumala usu läbi päästetud lapsed, ei ole enam needust ja need kohad on täis õnnelikkust. Johannese ilmutuses 21:3-4 kirjutatakse, et Taevas ei ole pisaraid, kurbust, surma, leinamist ega haigusi, sest seal on Jumal.

Ja ma kuulsin valju häält troonilt hüüdvat: "Vaata, Jumala telk on inimeste juures ning Tema asub nende juurde elama ning nemad saavad Tema rahvaiks ning Jumal Ise on nende juures nende Jumalaks. Tema pühib ära iga pisara nende silmist ning surma ei ole enam ega leinamist ega kisendamist, ning valu ei ole enam, sest endine on möödunud."

Kui kurb, kui te nälgiksite ja isegi teie lapsed nutaksid näljast? Mis kasu oleks sellest, kui keegi tuleks ja ütleks: „Te olete nii näljane, et Te nutate" ja kuivataksid teie pisarad, aga ei annaks teile midagi? Kuidas oleks sellest siis tegelikult abi? Ta peaks teile midagi süüa andma, et teie ja te lapsed ei nälgiks. Üksnes pärast seda lakkaksid teie ja te laste pisarad.

Samamoodi tähendab ütelus, et Jumal pühib iga pisara te silmist, et kui te olete päästetud ja lähete Taevasse, ei ole seal enam muret ega probleeme, sest Taevas pole pisaraid, kurbust, surma, leina ega haigusi.

Teisalt, kas te siis Jumalat usute või ei, aga te peate elama selle maa peal mingisuguse kurbusega. Maailma inimesed kurvastavad isegi iga vähima kaotuse korral. Teisest küljest, need, kes usuvad, leinavad armastuse ja halastusega neid, kes on veel päästmata.

Aga kui te lähete Taevasse, ei pea te surma ega teiste inimeste patu ja igavese surmaga lõpetamise pärast muret tundma. Te ei pea pattude pärast kannatama, nii ei saa seal mingit kurbust olla.

Selle maa peal te oigate kui kurbus täidab teid. Aga Taevas ei ole vaja oiata, sest seal pole haigusi ega muresid. Seal on vaid igavene õnn.

2. Eluvee jõgi

Taevas voolab keset suurt tänavat Eluvee jõgi, mis on särav kui mägikristall. Johannese ilmutuses 22:1-2 selgitatakse Eluvee jõe kohta ja juba selle ette kujutamine peaks teid õnnelikuks tegema.

Ta näitas mulle eluvee jõge, säravat nagu mägikristall. See saab alguse Jumala ja Talle troonist. Keset linna tänavat ja mõlemal pool jõge on elupuu, mis kannab vilja kaksteist korda, andes iga kuu oma vilja, ning puu lehed annavad tervist rahvastele.

Ma ujusin ükskord Vaikse ookeani väga selges vees ja vesi oli nii säravselge, et ma võisin näha selle läbi taimi ja kalu. See oli nii ilus, et ma olin nii õnnelik selles vees olemise võimaluse üle. Isegi selles maailmas võite te tunda, kuidas teie süda muutub värskeks ja puhtaks kui te vaatate puhast vett. Kui palju õnnelikum te olete Taevas, kus mägikristallina särav Eluvee jõgi voolab keset suurt tänavat!

Eluvee jõgi

Isegi selles maailmas, kui te vaatate puhast merd, peegeldub päikesepaiste säbarlainetes ja särab kaunilt. Taevase Eluvee jõgi paistab eemalt sinine, aga kui seda lähemalt vaadata, on see väga selge, ilus, plekitu ja puhas, et seda võib kutsuda „kristallselgeks."

Miks siis see Eluvee jõgi voolab Jumala ja Talle troonilt välja? Vaimselt tähistab vesi Jumala Sõna, mis on eluks vajalik toit ja te saate igavese elu Jumala Sõna kaudu. Jeesus ütles Johannese 4:14: „*Aga kes iganes joob vett, mida mina talle annan, ei janune enam iialgi, vaid vesi, mille mina talle annan, saab tema sees igavesse ellu voolavaks allikaks.*" Jumala Sõna on igavese elu vesi, mis annab teile elu ja sellepärast voolab eluvesi Jumala ja Talle troonilt.

Kuidas siis eluvesi maitseb? See on midagi nii magusat, mida ei ole võimalik selles maailmas kogeda ja te saate energiat kui te seda joote. Jumal andis inimolenditele eluvett, aga pärast Aadama langemist neeti selle maa peal olev vesi koos kõige muuga. Sellest ajast saadik ei ole inimesed selle maa peal eluvett enam maitsta saanud. Seda saab maitsta alles pärast Taevasse minekut. Selle maa peal joovad inimesed saastatud vett ja nad otsivad vee asemel kunstlikke jooke nagu karastusjoogid. Sarnaselt ei saa selle maa peal olev vesi kunagi anda igavest elu, kuid Taeva eluvesi, Jumala Sõna, annab igavese elu. See on magusam kui mesi ja meekärje tilgad ja annab vaimujõu.

Jõgi voolab kõikjal Taevas ringi

Eluvee jõgi, mis voolab Jumala ja Talle troonilt, on nagu veri, mis hoiab ringeldes kehas elu sees. See voolab Taevas keset suurt tänavat ringi ja naaseb Jumala trooni juurde. Miks siis see eluvee jõgi voolab kõikjal Taevas ringi ja tulvab keset suurt tänavat? Esiteks, see eluvee jõgi on lihtsaim viis Jumala trooni juurde minekuks. Seega, selleks, et minna Uude Jeruusalemma, kus asub Jumala troon, tuleb minna lihtsalt mõlemal pool jõge asuvat puhtast kullast tänavat mööda.

Teiseks, Jumala Sõnas on tee Taevasse ja sinna saab minna üksnes seda Jumala Sõna teed järgides. Nii nagu Jeesus ütles Johannese 14:6: *„Mina olen Tee ja Tõde ja Elu. Ükski ei saa minna Isa juurde muidu kui minu kaudu,"* sisaldab Jumala tõesõna teed Taevasse. Jumala Sõna järgi tegutsedes võib minna Taevasse, kus voolab Jumala Sõna – eluvee jõgi.

Samamoodi tegi Jumal Taeva niimoodi, et lihtsalt eluvee jõge järgides võib jõuda Uude Jeruusalemma, kus asub Jumala troon.

Kuld- ja hõbeliiv jõekaldal

Mis on eluvee jõe kallastel? Esiteks märkab seal kuldseid ja hõbedasi liivarandu, mis ulatuvad kaugesse avarusse. Taevane liiv on ümar ja pehme ja ei kleepu riiete külge isegi siis kui selle peal mürada.

Seal on ka palju mugavaid kulla ja kalliskividega kaunistatud pinke. Kui kalliste sõpradega pingil istuda ja õndsalt vestelda, teenivad teid ilusad inglid.

Selle maa peal imetletakse ingleid, kuid taevased inglid kutsuvad teid „peremeheks" ja teenivad teid nii nagu te soovite.

Kui te soovite puuvilja, toob ingel juveelide või lilledega kaunistatud korvis puuvilja ja ulatab teile otsekohe korvi.

Veel on mõlemal pool eluvee jõge paljudes värvides ilusad lilled, linnud, putukad ja loomad. Nad teenivad teid samuti kui peremeest ja te võite nendega oma armastust jagada. Kui imepärane ja ilus on see Taevas, kus on see eluvee jõgi!

Elupuu mõlemal pool jõge

Johannese ilmutuses 22:1-2 selgitatakse üksikasjalikult elupuud, mis on eluvee jõe mõlemal pool.

Ta näitas mulle eluvee jõge, säravat nagu mägikristall. See saab alguse Jumala ja Talle troonist.
Keset linna tänavat ja mõlemal pool jõge on elupuu, mis kannab vilja kaksteist korda, andes iga kuu oma vilja, ning puu lehed annavad tervist rahvastele.

Miks siis Jumal pani elupuu, mis kannab kaksteist korda vilja ja annab iga kuu oma vilja, mõlemale poole jõge?

Esiteks tahtis Jumal, et kõik Ta Taevasse läinud lapsed võiksid tunda Taeva ilu ja elu. Ta tahtis neile ka meenutada, et nad kandsid Püha Vaimu vilja kui nad tegutsesid Jumala Sõna kohaselt, otsekui nad oleksid söönud palehigis saadud toitu.

Te peate siin ühte asja mõistma. Kaksteist korda vilja kandmine ei tähenda, et üks puu annab kaksteist korda vilja, vaid kaksteist eri liiki elupuud annavad oma vilja. Piiblist võib näha, et kaksteist Iisraeli suguharu moodustusid kaheteistkümnest Jaakobi pojast ja nende kaheteistkümne suguharu kaudu moodustus Iisraeli rahvas ja rahvad, mis on kristluse vastu võtnud, on kerkinud üle kogu maailma. Ka Jeesus valis kaksteist jüngrit ja nad ning nende jüngrid kuulutasid evangeeliumi ja viisid selle kõigile rahvastele.

Seega, kaksteist elupuu vilja tähistavad sümboolselt, et igaüks igast rahvast, kui ta järgib usku, võib kanda Püha Vaimu vilja ja Taevasse minna.

Kui te sööte ilusat värvilist elupuu vilja, värskendab see teid ja te tunnete end õnnelikumana. Samuti, niipea kui see korjatakse ära, tuleb selle asemele uus, nii et nad ei lõpe kunagi otsa. Elupuu lehed on tumerohelised ja säravad ja püsivad niimoodi igavesti, sest nad ei lange maha ja neid ei sööda ära. Need rohelised läikivad lehed on palju suuremad kui selle maailma puude lehed ja nad kasvavad väga korrapäraselt.

3. Jumala ja Talle aujärg

Johannese ilmutuses 22:3-5 kirjeldatakse Jumala ja Talle trooni asukohta, mis on keset Taevast.

Ja midagi äraneetut ei ole enam. Jumala ja Talle troon on seal ning Ta sulased teenivad Teda ning näevad Tema palet ning Tema nimi on nende otsaesisel. Ja ööd ei ole enam ning neile ei ole vaja lambivalgust ega päikesevalgust, sest Isand Jumal ise valgustab neid, ning nemad valitsevad kuningatena igavesest ajast igavesti.

Troon on keset Taevast

Taevas on igavene koht, kus Jumal valitseb armastuse ja õigusega. Taeva keskel asuvas Uues Jeruusalemmas on Jumala ja Talle troon. Tall tähendab siin Jeesust Kristust (2. Moosese raamat 12:5; Johannese 1:29; 1. Peetruse 1:19). Mitte igaüks ei saa minna kohta, kus Jumal tavaliselt viibib. See asub Uue Jeruusalemma teise mõõtme ruumis. Seal asetsev Jumala troon on niivõrd palju ilusam ja eredam kui Uue Jeruusalemma oma.

Jumala troon, mis on Uues Jeruusalemmas, on koht, kuhu Jumal tuleb alla kui Tema lapsed ülistavad või peavad pidusööminguid. Johannese ilmutuses 4:2-3 tuuakse selgitusi sellest, kuidas Jumal troonil istub.

Sedamaid olin ma vaimus. Ning ennäe, Taevas seisis troon, ja keegi istus troonil. See istuja oli sarnane jaspise- ja karneoolikiviga, ja trooni ümber oli vikerkaar, mis sarnanes smaragdiga.

Trooni ümber istuvad kakskümmend neli vanemat, riietatud valgetesse rüüdesse, kuldkroonid peas. Trooni ees on Jumala seitse Vaimu ja kristallselge klaasmeri. Trooni keskel ja ümber on neli elavat olendit ja palju taevavägesid ja ingleid.

Peale selle on Jumala troon kaetud valgustega. See on nii ilus, hämmastav, majesteetlik, väärikas ja tohutult suur, et seda on

Taevas I

inimlikult raske mõista. Samuti on Jumala trooni paremal pool meie Isanda Jeesuse – Talle troon. See erineb kahtlemata Jumala troonist, kuid Kolmainu Jumalal – Isal, Pojal ja Pühal Vaimul on sama süda, samad iseloomulikud jooned ja samasugune vägi.

Jumala trooni kohta tuuakse üksikasjalikumaid selgitusi *Taeva teises raamatus*, pealkirjaga „*Täis Jumala au.*"

Ei ole päeva ega ööd

Jumal valitseb Taevast ja universumit oma troonilt, mis särab püha ja ilusa auvalguse, armastuse ja õiglusega. Troon asetseb keset Taevast ja Jumala trooni kõrval on Talle troon ja ka see särab auvalguses. Seega, Taevas ei ole vaja valgustamiseks päikest ega kuud ega mingit muud valgust ega elektrit. Taevas ei ole ööd ega päeva.

Muide, Heebrealastele 12:14 õhutatakse: „*Taotlege rahu kõikidega ja pühitsust, milleta keegi ei saa näha Isandat.*" Jeesus lubab Matteuse 5:8, et: „*Õndsad on puhtad südamelt, sest nemad näevad Jumalat.*"

Seega, need usklikud, kes vabanevad oma südames kogu kurjast ja kuuletuvad Jumala Sõnale täielikult, saavad näha Jumala palet. Selle maailma usklikke õnnistatakse sel määral, mil nad sarnanevad Isandale ja nad elavad Taevas ka Jumala troonile lähemal.

Kui õnnelikud inimesed nad on, kui nad saavad Jumala palet näha, Teda teenida ja igavesti Tema armastuse osalised olla! Kuid nii nagu päikest ei saa selle sära tõttu otse vaadata, ei saa need, kelle süda ei sarnane Isanda omale, Jumalat lähedalt näha.

Taevas igavese õnne alatine kogemine

Te võite kogeda igavest õnne kõiges, mida te Taevas teete, sest see on parim and, mille Jumal on valmistanud hiiglasuure armastuse kaudu oma laste vastu. Inglid teenivad Jumala lapsi, nii nagu öeldakse Heebrealastele 1:14: „*Eks nad kõik ole vaid teenijad vaimud, läkitatud abistama neid, kes ükskord pärivad pääste?*" Kuna inimestel on eri usumõõt, erineb nende majade suurus ja neid teenivate inglite hulk siiski vastavalt määrale, mil need inimesed sarnanesid Jumalale.

Neid teenitakse nagu printse või printsesse, sest inglid loevad endile määratud peremeeste mõtteid ja valmistavad kõike, mida nad soovivad. Ka loomad ja taimed armastavad ja teenivad Jumala lapsi. Taeva loomad kuuletuvad Jumala lastele tingimusteta ja püüavad vahel teha neile meeltmööda olekuks kenasid asju, sest neis ei ole kurja.

Kuidas on lood Taeva taimedega? Igal taimel on ilus ainulaadne lõhn ja mil iganes Jumala lapsed neile lähenevad, eritavad taimed lõhna. Lilled eritavad Jumala laste jaoks parimat lõhna ja see lõhn levib isegi kaugetesse kohtadesse. Lõhn tekib pärast eritumist taas.

Ka kahtteist tüüpi elupuu viljadel on oma maik. Kui lillelõhna nuusutada või elupuust süüa, uuenete te niivõrd ja muutute õnnelikuks, et seda ei saa võrrelda mitte millegagi selles maailmas.

Pealegi, erinevalt selle maa peal olevatest taimedest, naeratavad Taeva lilled kui Jumala lapsed neile lähenevad. Nad tantsivad isegi oma peremeestele ja inimesed võivad nendega ka vestelda.

Isegi kui keegi korjab lille, ei saa see viga ega ole kurb, vaid taastub Jumala väes. Korjatud lill lahustub õhus ja kaob. Vili, mida inimesed söövad, lahustub samuti ilusat lõhna andes ja kaob hingamisega.

Taevas on neli aastaaega ja inimesed võivad nautida aastaaegade vaheldumist. Inimesed tunnevad Jumala armastust, kui nad naudivad iga aastaaja erinevad karakteristikuid: kevadel, suvel, sügisel ja talvel. Nüüd võib küsida: „Kas isegi Taevas tuleb kannatada suve kuumust ja talve külma?" Kuid Taeva ilm loob kõige täielikumad tingimused Jumala laste eluks ja nad ei kannata kuuma ega külma ilma tõttu. Isegi kuigi vaimsed ihud ei tunne külma ega kuuma isegi külmas ega kuumas kohas, võivad nad siiski tunda jahedat või sooja õhku. Seega ei kannata keegi Taevas kuuma ega külma ilma tõttu.

Sügisel naudivad Jumala lapsed ilusaid langevaid lehti ja talvel näevad nad valget lund. Nad võivad tunda heameelt ilust, mis on kõigest selles maailmas olevast palju kaunim. Jumal tegi Taevasse neli aastaaega, sest Ta tahtis, et Ta lapsed teaksid, et kõik, mida nad tahavad, on nende taevase naudingu jaoks olemas. See näitab ka Tema armastust, et rahuldada oma lapsi, kui nad tunnevad puudust sellest maast, kus neid kasvatati, kuni nad said Jumala tõelisteks lasteks.

Taevas on neljamõõtmeline maailm, mida ei saa selle maailmaga võrrelda. See on täis Jumala armastust ja väge ning seal on lõpmatud sündmused ja tegevus, mida inimesed ei suuda isegi ette kujutada. 5. peatükis räägitakse Taevas olevate usklike igavesest õnnelikust elust lähemalt.

Taevasse saavad vaid need, kelle nimed on Talle Eluraamatusse kirja pandud. Nii nagu kirjutatakse Johannese ilmutuses 21:6-8, võib jumalariigi pärida ainult see, kes joob eluvett ja kellest saab Jumala laps.

> *Ja Ta ütles mulle: „See on sündinud! Mina olen A ja O, algus ja ots. Mina annan janusele ilma tasuta eluvee allikast. Võitja pärib selle kõik ning mina saan temale Jumalaks ja tema saab minule pojaks. Aga argade ja uskmatute ja jäledate ja mõrtsukate ja hoorajate ja nõidade ja ebajumalateenijate ja kõigi valetajate osa on tule ja väävliga põlevas järves, see on teine surm."*

Inimese oluline kohustus on karta Jumalat ja pidada Ta käsuseadusi (Koguja 12:13). Nii et kui te ei karda Jumalat või lähete Tema Sõna vastu ning jätkate patustamist, isegi kui te teate, et te teete pattu, te ei saa Taevasse. Kurjad inimesed, mõrvarid, abielurikkujad, võlurid ja ebajumalakummardajad, kes teevad röögatuid asju, ei lähe kindlasti Taevasse. Nad eiravad Jumalat, teenivad deemoneid ja usuvad vaenlast saatanat ja kuradit järgides võõraid jumalaid.

Ka need, kes Jumalale valetavad ja Teda petavad ja Püha Vaimu pilkavad, ei lähe kunagi Taevasse. Nii nagu ma selgitan raamatus *Põrgu*, saavad need inimesed igavese karistuse osaliseks põrgus.

Seega ma palun Isanda nimel, et te ei võtaks vaid vastu Jeesust Kristust ja ei saaks Jumala lapse õiguse osaliseks, vaid et te saaksite Jumala Sõna järgimise kaudu nautida ka igavest õnne

Taevas I

selles kristallselges ilusas Taevas.

2. peatükk

Eedeni aed ja Taeva ootekoht

1. Eedeni aed, kus elas Aadam
2. Inimesi kasvatatakse maa peal
3. Taeva ootekoht
4. Inimesed, kes ei viibi ootekohas

Ja Isand Jumal
istutas Eedeni rohuaia päevatõusu poole
ja pani sinna inimese, kelle Ta oli valmistanud.
Ja Isand Jumal lasi
maast tõusta kõiksugu puid,
mis olid armsad pealtnäha
ja millest oli hea süüa,
ja elupuu keset aeda,
ning hea ja kurja tundmise puu.

- 1. Moosese raamat 2:8-9 -

Aadam, Jumala loodud esimene inimene, elas Eedeni aias elava vaimuna, kes suhtles Jumalaga. Kuid pärast kaua aja möödumist sooritas Aadam sõnakuulmatuse patu, süües hea ja kurja tundmise puust, mida Jumal oli tal keelanud teha. Selle tulemusel suri tema vaim, inimese peremees. Ta aeti Eedeni aiast välja ja ta pidi elama selle maa peal. Seega Aadama ja Eeva vaim suri ja Jumalaga osadus lõigati läbi. Kui palju nad pidid igatsema Eedeni aeda selle neetud maa peal elamise ajal?

Kõiketeadja Jumal teadis Aadama sõnakuulmatust juba ette ja valmistas Jeesuse Kristuse ja avas õige aja kätte jõudes pääsemise tee. Kõik usu läbi päästetud saavad pärandiks Taeva, mida ei saa Eedeni aiaga isegi võrrelda.

Pärast Jeesuse elluäratamist ja Taevasse minekut tegi Ta ootekoha, kuhu päästetud võivad jääda Kohtupäevani ja valmistas neile asukohad. Vaatame Eedeni aeda ja Taeva ootekohta, et Taevast paremini aru saada.

1. Eedeni aed, kus elas Aadam

1. Moosese raamatus 2:8-9 tuuakse Eedeni aia kohta selgitusi. Siin elasid esimesed loodud inimesed – Aadam ja Eeva.

Ja Isand Jumal istutas Eedeni rohuaia päevatõusu poole ja pani sinna inimese, kelle Ta oli valmistanud. Ja Isand Jumal lasi maast tõusta kõiksugu puid, mis olid armsad pealtnäha ja millest oli hea süüa, ja elupuu keset aeda, ning hea ja kurja tundmise puu.

Eedeni aed oli Aadama – elava vaimu – jaoks tehtud elukoht, seega see pidi olema tehtud kusagile vaimumaailma. Kus siis tänapäeval tegelikult asub Eedeni aed, mis oli esimese inimese Aadama kodu?

Eedeni aia asukoht

Jumal mainis „taevaid" paljudes kohtades Piiblis, et te võksite teada, et vaimumaailmas, teiselpool silmaga nähtavat taevast, on maailmaruumid. Ta kasutas sõna „taevad," et teha mõistetavaks vaimumaailma kuuluvad maailmaruumid.

Vaata, Isanda, su Jumala päralt on taevas ja Taevaste taevas, maa ja kõik, mis seal on! (5. Moosese raamat 10:14)

Tema on oma rammuga rajanud maa, oma tarkusega loonud maailma ja mõistusega laotanud Taeva (Jeremija 10:12).

Kiitke Teda, Taevaste taevad, ja kõik veed taevaste peal! (Laul 148:4)

Seega te peaksite aru saama, et „taevad" ei tähenda vaid ihusilmaga nähtavat taevast. Päike, kuu ja tähed on Esimeses taevas ja on veel Teine ja Kolmas taevas, mis kuuluvad vaimumaailma. 2. Korintlastele 12 räägib apostel Paulus

Kolmandast taevast. Kogu taevas Paradiisist Uue Jeruusalemmani on Kolmas taevas.

Apostel Paulus viibis Paradiisis, mis oli koht neile, kellel oli kõige vähem usku ja mis on Jumala troonist kõige kaugemal. Ja seal kuulis ta Taeva saladusi. Kuid ta tunnistas ikka, et need olid „sõnad, mida inimene ei tohi rääkida."

Missugune vaimne maailm on siis Teine taevas? See erineb Kolmandast taevast ja Eedeni aed kuulub siia. Suurem osa inimestest on arvanud, et Eedeni aed asetseb selle maa peal. Paljud piibliõpetlased ja -uurijad jätkasid arheoloogilisi otsinguid ja uurisid Mesopotaamiat ja Eufratese ja Tigrise ülemjooksu Lähis-Idas. Kuid nad ei ole siiani midagi avastanud. Põhjus, mis inimesed ei suuda Eedeni aeda selle maa pealt leida, peitub selles, et see asub Teises taevas, mis kuulub vaimumaailma.

Teine taevas on samuti koht, kus on kurjad vaimud, mis aeti Kolmandast taevast Lutsiferi mässu järgselt välja. 1. Moosese raamatus 3:24 öeldakse: *„Ja Ta ajas Aadama välja ja pani hommikupoolele Eedeni rohuaeda keerubid ja tuleleegina sähviva mõõga, et need valvaksid elupuu teed."* Jumal tegi nii, et takistada kurje vaime Eedeni aeda sisenemast ja elupuust süües igavest elu saamast.

Eedeni aia väravad

Te peaksite nüüd mõistma, et Teine taevas asetseb Esimese taeva kohal ja Kolmas taevas on Teise taeva kohal. Te ei suuda kolmemõõtmelise maailma teadmiste ja mõistmise varal aru saada neljamõõtmelisest maailmaruumist ja sellest kõrgemal asuvast. Millise ülesehitusega on siis mitu taevast? Nähtav kolmemõõtmeline ruum ja vaimsed taevad näivad olevat eraldi, kuid samal ajal katavad nad üksteist ja on ühendatud. On väravad, mis ühendavad kolmemõõtmelist ja vaimumaailma. Kuigi neid ei ole näha, ühendavad väravad Esimest taevast Eedeni aiaga Teises taevas. On ka väravad, mis viivad Kolmandasse taevasse. Need väravad ei asetse väga kõrgel, kuid peamiselt pilvekõrgusel, kust võib lennukilt alla näha.

Piiblist saab aru, et on olemas taevaväravad (1. Moosese raamat 7:11; 2. Kuningate raamat 2:11; Luuka 9:28-36; Apostlite teod 1:9; 7:56). Seega, kui taevavärav avaneb, on võimalik minna üles erinevasse taevasse vaimumaailmas ja need, kes on päästetud usu kaudu, võivad minna Kolmandasse taevasse.

Sama kehtib Hadese (surmavalla) ja põrgu kohta. Ka need kohad kuuluvad vaimumaailma ja on väravad, mis viivad ka nendesse paikadesse. Seega, kui usuta inimesed surevad, lähevad nad nende väravate kaudu alla surmavalda, mis kuulub põrgusse või otse põrgusse.

Vaimne ja füüsiline mõõde eksisteerivad koos

Eedeni aed, mis kuulub Teise taevasse, on vaimumaailmas, kuid see erineb Kolmanda taeva vaimumaailmast. See ei ole täiuslik vaimumaailm, sest see võib eksisteerida koos füüsilise maailmaga.

Teiste sõnadega, Eedeni aed on keskmine staadium füüsilise ja vaimse maailma vahel. Esimene inimene Aadam oli elav vaim, kuid tal oli siiski maapõrmust tehtud füüsiline ihu. Seega Aadam ja Eeva olid viljakad ja kasvasid arvuliselt ning neile sündisid

lapsed nii nagu meiegi lapsi saame (1. Moosese raamat 3:16).
Isegi pärast seda kui esimene inimene Aadam sõi hea ja kurja tundmise puust ja aeti sellest maailmast välja, elavad tema Eedeni aeda jäänud lapsed tänaseni elavate vaimudena, kes ei koge surma. Eedeni aed on väga rahulik koht, kus pole surma. See on tegev Jumala väega ja selle üle valitsevad Jumala tehtud reeglid ja korraldused. Isegi kui seal ei ole päeva ja öö vahel erinevust, teavad Aadama järeltulijad loomuomaselt aega, millal tegutseda ja millal puhata ja nii edasi.

Samuti on Eedeni aial maapealsega väga sarnased omadused. See on täidetud paljude taimede, loomade ja putukatega. Seal on ka lõpmatult ilus loodus. Kuid seal pole kõrgeid mägesid, vaid ainult madalad künkad. Nendel mäeküngastel on mõned majataolised ehitised, kuid inimesed puhkavad vaid neis ehitistes ja ei ela nendes.

Aadama ja tema laste puhkekoht

Esimene inimene Aadam elas väga kaua aega Eedeni aias ja oli viljakas ja sai järeltulijaid. Kuna Aadam ja tema lapsed olid elavad vaimud, võisid nad selle maa peale Teise taeva väravatest vabalt alla tulla.

Kuna Aadam ja ta lapsed külastasid maad, mis oli neile puhkekohaks, kaua aega, te peaksite aru saama, et inimkonna ajalugu on väga pikk. Mõned ajavad selle ajaloo inimese kasvatamise kuue tuhande aastase ajalooga segamini ja ei usu Piiblit.

Aga kui saladuslikke iidseid tsivilisatsioone lähemalt vaadata, võib mõista, et Aadam ja ta lapsed käisid selle maa peal. Näiteks

Egiptuses olevad püramiidid ja Giza sfinks on samuti Eedeni aias elanud Aadama ja tema laste jalajälg. Niisugused jäljed, mida leidub kogu maailmas, tehti palju keerukama ja arenenuma teaduse ja tehnoloogia kaasabil, mida ei saa tänapäeva kaasaegsete teaduslike teadmistega isegi mitte jäljendada. Näiteks püramiidid sisaldavad imelisi matemaatilisi arvutusi ja geomeetrilisi ja astronoomilisi teadmisi, mida saab vaid kaugelearenenud uuringutega leida ja mõista. Need sisaldavad palju saladusi, mida võib hoomata vaid siis kui teada täpseid tähtkujusid ja universumi tsüklit. Mõned inimesed peavad neid müstilisi vanu tsivilisatsioone välise maailma tulnukate jälgedeks, kuid Piibli abil saab lahendada kõike, isegi niisuguseid küsimusi, mida teaduse abil ei suudeta mõista.

Eedeni tsivilisatsiooni jalajälg

Aadamal oli Eedeni aias kujuteldamatult palju teadmisi ja oskusi. See tulenes asjaolust, et Jumal õpetas Aadamale tõelisi teadmisi ja niisugused teadmised ja arusaamad kogunesid ja arenesid aja jooksul. Nii ei olnud Aadamal, kes teadis kõik universumist ja alistas maa, kunagi raske ehitada püramiide ja sfinksi. Kuna Jumal õpetas Aadamat ise, teadis esimene inimene asju, mida teie ikka veel ei tea ega mõista kaasaja teaduse kaudu.

Mõned püramiidid ehitati Aadama oskuste ja teadmistega, kuid teised ehitasid tema lapsed ja ülejäänud ehitasid selle maa peal inimesed, kes püüdsid Aadama püramiide jäljendada kaua aega hiljem. Kõigil neil püramiididel on selged tehnoloogilised erinevused. See on nii, kuna vaid Aadamal oli Jumalalt saadud meelevald kogu loodu üle valitsemiseks.

Aadam elas väga kaua aega Eedeni aias ja tuli aeg-ajalt selle maa peale alla, kuid aeti Eedeni aiast välja pärast sõnakuulmatuse patu sooritamist. Kuid Jumal ei sulgenud maad ja Eedeni aeda ühendavaid väravaid mõnda aega pärast seda.

Seega tulid Aadama lapsed, kes elasid veel Eedeni aias, vabalt maa peale ja kui nad tulid sagedamini alla, hakkasid nad inimeste tütreid endile naiseks võtma (1. Moosese raamat 6:1-4).

Siis sulges Jumal maad Eedeni aiaga ühendavad taevaväravad. Ometi ei lakanud liiklemine täielikult, kuid seda hakati varasemast rangemalt kontrollima. Tuleb aru saada, et enamus müstilisi ja lahendamata iidseid tsivilisatsioone on Aadama ja tema laste jäljed, mis jäeti ajal, mil nad võisid vabalt selle maa peale alla tulla.

Inimeste ja dinosauruste ajalugu maa peal

Miks siis elasid dinosaurused maa peal, kuid surid äkki välja? See on samamoodi üks väga tähtsaid tõendeid, mis räägib, kui vana on tegelikult inimajalugu. See on saladus, mida saab lahendada vaid Piibli abil.

Jumal pani tegelikult dinosaurused Eedeni aeda. Nad olid vagurad, kuid aeti maa peale, sest nad langesid saatana lõksu ajavahemikus, mil Aadam võis vabalt maa ja Eedeni aia vahel edasi-tagasi liigelda. Dinosaurused, keda sunniti maa peal elama, pidid pidevalt otsima söögipoolist. Erinevalt Eedeni aias elatud ajast, mil kõike oli ohtralt, ei suutnud see maa suure kehaga dinosauruste jaoks piisavalt toitu anda. Nad sõid puuvilja, vilja ja taimi ja hakkasid siis loomi sööma. Nad olid keskkonda ja toiduahelat hävitamas. Lõpuks otsustas Jumal, et Ta ei saanud dinosauruseid enam maa peal hoida ja hävitas nad ülevalt tuleva tulega. Tänapäeval vaidlevad paljud õpetlased, et dinosaurused elasid selle maa peal kaua aega. Nad ütlevad, et dinosaurused elasid rohkem kui sada kuuskümmend miljonit aastat. Kuid ükski neist väidetest ei anna rahuldavat selgitust sellele, kuidas nii paljud dinosaurused tekkisid nii äkki ja surid sama äkitselt. Samuti, kui niisugused dinosaurused oleksid arenenud nii pika aja jooksul, mida nad oleksid oma elu jätkamiseks söönud?

Evolutsiooniteooria kohalt, enne kui nii palju dinosauruste liike ilmsiks sai, pidi olemas olema palju rohkem alamaliigilisi elusolendeid, kuid selle kohta ei ole ikkagi veel mingit tõendit. Üldiselt, igasuguse looma või loomapere hävimiseks kahaneb selle arvukus aja jooksul ja kaob siis täiesti. Kuid dinosaurus kadus äkki.

Õpetlased vaidlevad, et see tulenes äkilisest ilmamuudatusest, viirusest, teise tähe plahvatusest tekkinud kiirgusest või suure meteoriidi kokkupõrkest maaga. Ometi kui niisugune muudatus oleks olnud piisavalt katastroofiline, et tappa kõik dinosaurused, oleksid kõik muud loomad ja taimed samuti hävima pidanud. Muud taimed, linnud või imetajad on siiski tänaseni elus, seega evolutsiooniteoorial puudub reaalne alus.

Isegi enne seda kui dinosaurus maa pealt kadus, elasid Aadam ja Eeva Eedeni aias ja käisid vahel maa peal. Te peate aru saama, et maa ajalugu on väga pikk.

Te võite selle kohta üksikasjalikumalt lugeda minu jutlustest „Loomise loengud." Edaspidi sooviksin ma selgitada Eedeni aia ilusat iseloomu.

Eedeni aia ilus loomus

Te külitate mugavalt maas tasandikul, mis on täis värskeid puid ja lilli, valguse käes, mis mähib teie keha tasa endasse ja vaatate sinisesse taevasse, kus heljuvad puhtad valged pilved ja moodustavad igasuguseid kujundeid.

Järv särab kaunilt mäeveerul ja mahe rannikutuul, milles sisalduvad magusad lillelõhnad, möödub teist kiirelt. Te võite lähedastega meeldivalt juttu ajada ja õnne tunda. Vahel võite te avaratel aasadel või lillekuhilas lamada ja tunda, kuidas magus lõhn õrnalt lilli puudutab. Te võite lamada ka varjulises kohas, puu all, mis kannab palju suuri isuäratavaid vilju ja süüa neid puuvilju nii palju kui te soovite.

Järves ja meres on palju eriliiki värvilisi kalu. Kui te tahate, võite te minna lähedal asuvasse randa ja nautida värskendavaid laineid või päikese käes säravat valget liiva. Või te võite soovi korral isegi ujuda nagu kala.

Armsad hirved, jänesed või oravad, kellel on ilusad läikivad silmad, tulevad teie juurde ja teevad armsaid asju. Suurel tasandikul mängivad paljud loomad rahulikult üksteisega.

See on Eedeni aed, kus on vaikse rahu ja rõõmu täius. Paljud selle maailma inimesed jätaksid tõenäoliselt meeleldi oma kiire elu ja kogeksid kasvõi korraks seda rahu ja tüünust.

Eedeni aia külluslik elu

Eedeni aia inimesed võivad süüa ja elu nautida niipalju kui nad tahavad, isegi kui nad ei näe millegi kallal vaeva. Seal ei ole muret, probleeme ega ärevust ja see on vaid täis rõõmu, heameelt ja rahu. Kuna kõik allub Jumala reeglitele ja korraldustele, on sealsetel inimestel igavene elu, kuigi nad ei ole millegi kallal tööd tegema pidanud.

Eedeni aias, kus on sarnane keskkond nagu selle maa peal, on samuti olemas suurem osa selle maa karakteristikutest. Ometi, kuna need ei reostu ega muutu aja jooksul, säilub nende selge kaunis loomus erinevalt nende maapealsetest ekvivalentidest.

Samuti, isegi kui Eedeni aias olevad inimesed ei kanna tavaliselt riideid, ei tunne nad häbi ega ole abielurikkujad, sest neil puudub patuloomus ja nende südames ei ole kurja. See on nagu vastsündinud imik mängiks täiesti alasti, täielikult sellest numbrit tegemata ja teadmatuses sellest, mida keegi teine võiks mõtelda või öelda.

Eedeni aia keskkond sobib inimestele, isegi kui nad ei kanna seal riideid, seega nad ei tunne alasti olles end kohatult. Kui hea see on, kuna seal ei ole halbu putukaid ega okkaid, mis nahka vigastavad!

Mõned inimesed kannavad riideid. Nad on teatud suurusega rühmade juhid. Ka Eedeni aias on korraldused ja reeglid. Ühes rühmas on juht ja liikmed kuuletuvad talle ja järgivad teda. Need juhid kannavad teistest erinevalt riietust, kuid nad kannavad riideid ainult oma positsiooni näitamiseks ning mitte endi katmiseks, kaitseks ega ehtimiseks.

1. Moosese raamatus 3:8 täheldatakse temperatuuri muudatust Eedeni aias: *„Ja nad kuulsid Isanda Jumala häält, kes rohuaias sinna ja tänna käis, kui päev viluks läks, ja Aadam ja tema naine peitsid endid Isanda Jumala palge eest rohuaia puude keskele."* Te saate aru, et inimesed tunnevad Eedeni aias „jahedust." Aga see ei tähenda, et nad peaksid lõõmavalt kuumal

päeval higistama või külmal päeval kontrollimatult värisema, nii nagu nad siin maa peal teevad.

Eedeni aias on alati kõige mugavam temperatuuri, niiskuse ja tuule määr, nii ei tekita ilmamuutus mingit ebamugavust. Samuti ei ole Eedeni aias päeva ega ööd. See on alati ümbritsetud Jumala Isa valgusega ja te tunnete alati, otsekui oleks päevaaeg. Inimestel on puhkamiseks aega ja nad teevad temperatuurimuudatuse varal vahet tegevuse ja puhkeaja vahel.

Kuid see temperatuurimuudatus ei tähenda, et temperatuur suureneks või väheneks märkimisväärselt ja paneks inimesed äkki sooja või jahedust tundma. Kuid see paneb neid mugavalt tundma ja nad saavad maheda tuule käes puhata.

2. Inimesi kasvatatakse maa peal

Eedeni aed on nii avar ja suur, et te ei suuda selle suurust võimalikult ette kujutada. See on miljard korda suurem kui see maa. Esimene taevas, kus inimesed elavad vaid seitsekümmend või kaheksakümmend aastat, tundub lõpmatu ja laiub meie päikesesüsteemist eemal asetsevate galaktikateni. Kui palju suurem Esimesest taevast oleks siis Eedeni aed, kus inimesed paljunevad hulgi, surma nägemata?

Samal ajal, hoolimata kui ilus, külluslik ja suur Eedeni aed ka ei oleks, ei saa seda kunagi võrrelda mitte mingi kohaga Taevas. Isegi paradiis, mis on Taeva ootekoht, on palju ilusam ja õnnelikum koht. Eedeni aia igavene elu erineb väga Taeva igavesest elust.

Seega, vaadeldes Jumala plaani ja meetmeid, millega Aadam

Eedeni aiast välja aeti ja teda siin maa peal kasvatati, võib näha, kuidas Eedeni aed erineb taevasest ootekohast.

Hea ja kurja tundmise puu Eedeni aias

Esimene inimene Aadam võis süüa kõike, mida ta soovis, alistada kogu loodu ja elada igavesti Eedeni aias. Aga kui lugeda 1. Moosese raamat 2:16-17, käsib Jumal inimest: *„Ja Isand Jumal keelas inimest ja ütles: Kõigist aia puudest sa võid küll süüa, aga hea ja kurja tundmise puust sa ei tohi süüa, sest päeval, mil sa sellest sööd, pead sa surma surema."* Isegi kui Jumal andis Aadamale tohutu meelevalla, et kogu loodu allutada ja vaba tahte, keelas Ta Aadamal rangelt hea ja kurja tundmise puust süüa. Eedeni aias on palju värvilisi, ilusaid ja hõrke puuvilju, mida ei saa maapealsetega võrrelda. Jumal andis kõik need puuviljad Aadama valitsuse alla, et ta võis neid süüa niipalju kui ta soovis.

Kuid hea ja kurja tundmise puu vili oli erandlik. Sellega te peaksite aru saama, et kuigi Jumal teadis juba ette, et Aadam sööb hea ja kurja tundmise puust, ei lasknud Ta Aadamal nii lihtsalt pattu teha. Paljud inimesed mõistavad seda vääriti. Kui Jumal oleks kavatsenud Aadamat läbi katsuda, pannes hea ja kurja tundmise puu aeda ja teades, et Aadam sealt sööb, ei oleks Ta Aadamale nii ranget käsku andnud. Nii võite te näha, et Jumal ei pannud hea ja kurja tundmise puud aeda ettekavatsetult, et lasta Aadamal sellest süüa või et teda läbi katsuda.

Nii nagu on kirjas Jakoobuse 1:13: *„Ärgu kiusatav öelgu: „Jumal kiusab mind!" Sest Jumalat ei saa kiusata kurjaga, Tema ise ei kiusa kedagi."* Jumal ise ei kiusa kedagi.

Miks siis Jumal pani Eedeni aeda hea ja kurja tundmise puu? Kui te rõõmustate, tunnete head meelt või olete õnnelik, on see nii, sest te olete kogenud vastandlikke kurbuse, valu ja ahistuse tundeid. Samamoodi, kui te teate, et headus, tõde ja valgus on head, tuleb see sellest, et te olete kogenud ja teate, et kuri, vale ja pimedus on halvad.

Kui te pole seda suhtelisust kogenud, ei saa te oma südames tunda, kui hea on armastus, headus ja õnn, isegi kui te selle kohta oma mõistusega teate, kuna olete selle olemasolust kuulnud.

Näiteks, kas inimene, kes ei ole kunagi olnud haige ega kedagi haigena näinud, tunneks haiguse tekitatud valu? See inimene ei teaks isegi, et terve on suhteliselt hea olla. Samuti, kui inimesel ei ole kunagi vajadust olnud ja ta ei ole kunagi tundnud kedagi teist, kellel puudus käes, siis kui palju ta teaks vaesusest? Niisugune inimene ei teaks, et rikas olla on „hea", hoolimata sellest, kui rikas ta ka ei oleks. Samamoodi, kui keegi pole kunagi kogenud vaesust, ei tunneks ta tõelist tänutunnet, mis tõuseb sügavalt tema südame sisimast.

Kui keegi ei tea, missugune väärtus on asjadel, mida ta omab, ei tunne ta nauditava õnne väärtust. Aga kui keegi on kogenud haiguse valu ja vaesuse muret, ei suudaks ta oma südames tänumeelt tunda õnne tõttu, et ta on terve ja rikas. Sel põhjusel pidi Jumal aeda hea ja kurja tundmise puu panema.

Seega, Aadam ja Eeva, kes aeti Eedeni aiast välja, kogesid seda suhtelisust ja said aru Jumalalt tulnud armastusest ja õnnistustest. Ainult siis võisid nad saada tõelisteks Jumala lasteks, kes teadsid tõelise õnne ja elu väärtust.

Aga Jumal ei viinud Aadamat tahtlikult seda teed. Aadam otsustas oma vaba tahte teel Jumalale mitte kuuletuda. Jumal oli oma armastuse ja õigsuse läbi inimese kasvatamiseks plaani teinud.

Jumala ettehoole inimese kasvatamiseks

Kui Eedeni aia elanikud aeti sealt välja ja neid hakati selle maa peal kasvatama, pidid nad kogema igasuguseid kannatusi nagu pisaraid, kurbust, valu, haigust ja surma. Kuid see pani neid suure tänumeelega tundma tõelist õnne ja igavest taevast elu.

Seega, Jumala imelist armastust ja plaani näitab see, et Ta tegi meid oma tõelisteks lasteks inimese kasvatamise teel. Vanemad ei arva, et laste kasvatamine ja vahel nende karistamine oleks ajaraisk, kui see midagi muudab ja teeb nende lapsed edukaks. Samuti, kui lapsed usuvad ausse, mis neile tulevikuks osaks saab, on nad kannatlikud ja võidavad igasugused raskused ja takistused.

Sarnaselt, kui te mõtlete tõelise õnne peale, mida te Taevas kogete, ei ole selle maa peal kasvamine teie jaoks raske ega valulik. Selle asemel olete te tänulikud, et te suudate Jumala Sõna alusel elada, sest te loodate hiljem saadava au peale.

Seega, keda Jumal peaks kallimaks, kas neid, kes on Jumalale tõeliselt tänulikud pärast selle maa peal raskuste kogemist, või neid, kes on Eedeni aias ja kes tegelikult ei hinda seda, mis neil on, isegi kui nad elavad niisuguses ilusas ja rikkalikus keskkonnas?

Jumal kasvatas Aadama, kes aeti Eedeni aiast välja ja kasvatas tema järeltulijad selle maa peal, et teha neist Ta tõelised lapsed. Kui see kasvatamine jõuab lõpule ja Taevas on eluasemed valmis, tuleb Isand tagasi. Kui te elate Taevas, on teil igavene õnn, sest isegi Taeva madalaimat taset ei saa Eedeni aia iluga võrrelda. Seega te peaksite aru saama Jumala ettehooldest inimese kasvatamisel ja püüdma olla Tema tõeline laps, kes tegutseb Tema Sõna alusel.

3. Taeva ootekoht

Aadama Jumalale sõnakuulmatute järeltulijate saatuseks on korra surra ja pärast seda kohtu ette minna (Heebrealastele 9:27). Ometi on inimvaimud surematud, seega nad peavad minema kas Taevasse või põrgusse. Kuid nad ei lähe otsekohe Taevasse ega põrgusse, vaid jäävad Taeva või põrgu ootekohta. Missugune koht on siis Taeva ootekoht, kus Jumala lapsed viibivad?

Inimese vaim lahkub lõpuks ihust

Kui inimene sureb, lahkub tema ihust vaim. Pärast surma on igaüks, kes seda ei tea, väga üllatunud, kui ta näeb täpselt sedasama inimest maas lamamas. Isegi siis kui on tegu usklikuga, kui imelik on see, kui ta vaim kehast lahkub?

Kui kolmemõõtmelisest maailmast, kus me praegu elame, neljamõõtmelisse maailma minna, on kõik väga palju erinevam. Ihu tundub väga kerge ja inimene tunneb, otsekui ta lendaks. Kuid inimesel ei saa olla piiramatu vabadus isegi pärast seda kui ta vaim väljub ihust.

Nii nagu linnulapsed ei suuda otsekohe lennata, isegi kui nad sündisid tiibadega, vajab ka inimene ikkagi aega vaimumaailmaga kohanemiseks ja põhiasjade õppimiseks.

Seega teenivad neid, kellel on usk Jeesusesse Kristusesse, kaks inglit ja viivad nad ülemisse hauda. Seal õpivad nad inglitelt või prohvetitelt taevase elu kohta lähemalt.

Piiblit lugedes saab aru, et on olemas kahtliiki haudasid. Usuisad nagu Jaakob ja Iiob ütlevad, et nad lähevad surmajärgselt hauda (1. Moosese raamat 37:35; Iiob 7:9). Korah ja tema rühmitus, mis seisis jumalamehele Moosesele vastu, kukkus elusalt hauda (4. Moosese raamat 16:33).

Luuka 16 kirjeldatakse rikast meest ja Laatsaruse nimelist kehvikut, kes läksid surmajärgselt hauda ja te mõistate, et nad ei ole samas „hauas." Rikas mees kannatas tules väga palju, kuna aga Laatsarus puhkas kaugel eemal, Aabrahami rüpes.

Samamoodi on olemas haud päästetuile, kuid teine haud neile, kes ei ole päästetud. Korah ja ta mehed ja rikas mees lõpetasid surmavalla hauas, mida kutsutakse ka „alumiseks hauaks," mis kuulub põrgusse, aga Laatsarus lõpetas ülemises hauas, mis kuulub Taevasse.

Kolmepäevane viibimine ülemises hauas

Vana Testamendi ajal ootasid päästetud ülemises hauas. Kuna usuisa Aabraham oli ülemise haua üle, on kerjus Laatsarus Luuka 16 Aabrahami rüpes. Aga pärast seda kui Isand ellu äratati ja Taevasse läks, ei lähe päästetud enam ülemisse hauda, Aabrahami rüppe. Nad jäävad kolmeks päevaks ülemisse hauda ja lähevad siis mingisse kohta paradiisi. See tähendab, et nad on Isandaga koos taevases ootekohas.

Nii nagu Jeesus ütles Johannese 14:2: *„Minu Isa majas on*

palju eluasemeid. Kui see nõnda ei oleks, kas ma siis oleksin teile öelnud, et ma lähen teile aset valmistama," on meie Isand pärast ülestõusmist ja taevasseminekut igale usklikule eluaseme valmistanud. Seega, kuna Isand alustas Jumala lastele eluasemete valmistamist, on päästetud viibinud taevases ootekohas, mis asub kusagil paradiisis.

Mõned mõtlevad, kuidas saab paradiisis elada nii palju inimesi, kes on saanud loomise algusest päästetud, kuid sellepärast ei ole vaja muret tunda. Isegi päikesesüsteem, kuhu see maa kuulub, on galaktikaga võrreldes vaid täpike. Kui suur on siis galaktika? Kogu universumiga võrreldes on galaktika paljas täpp. Kui suur on siis universum?

Veelgi, see universum on üks paljudest, seega on kogu universumi suurust võimatu mõõta. Kui see füüsiline maailm on nii suur, siis kui palju suurem on vaimumaailm?

Taeva ootekoht

Missugune koht on siis Taeva ootekoht, kus viibivad päästetud, pärast seda kui neil on ülemises hauas kolm kohanemise päeva olnud?

Kui inimesed näevad ilusat maastikku, ütlevad nad: „See on maapealne paradiis" või „see on nagu Eedeni aed!" Kuid Eedeni aeda ei saa siiski võrrelda mingi selle maailma iluga. Eedeni aias elavad inimesed imelist, unistusetaolist elu, mis on täis õnne, rahu ja rõõmu. Aga see tundub hea vaid selle maailma inimestele. Sinna jõudes kaob kohe see mõiste.

Nii nagu Eedeni aeda ei saa võrrelda selle maaga, ei saa Taevast Eedeni aiaga võrrelda. Teise taevasse kuuluva Eedeni aia õnnelikkuse ja Kolmanda taeva paradiisi ootekoha õnne vahel on oluline erinevus. See on nii, kuna Eedeni aias olevad inimesed ei ole tegelikult Jumala tõelised lapsed, kelle südamed on haritud.

Las ma esitan sellest paremini aru saamiseks näite. Enne elektri kasutusele võtmist kasutasid Korea esivanemad petrooliumilampe. Need lambid olid täna teada oleva elektrivalgustusega võrreldes nii hämarad, kuid öövalgustuse olemasolu oli väga hinnaline. Aga pärast seda kui inimesed töötasid välja elektri ja õppisid seda kasutama, saime me elektrivalgustuse. Nende jaoks, kes olid harjunud vaid petrooliumilampi nägema, oli elektrivalgustus nii hämmastav ja selle eredus oli lummav.

Kui öelda, et see maa on täidetud täieliku pimedusega, kus ei ole mingisugust valgust, võib öelda, et Eedeni aed on seal, kus on petroollambi valgustus ja Taevas on elektrivalgustusega koht. Nii nagu petroollambi ja elektrilambi valgus erinevad, kuigi tegu on valgusega, erineb taevane ootekoht täielikult Eedeni aiast.

Paradiisi äärel asuv ootekoht

Taevane ootekoht asetseb paradiisi äärel. Paradiis on koht neile, kellel on kõige väiksem usk ja samuti kõige kaugem koht Jumala troonist. See on väga suur koht.

Need, kes ootavad paradiisi äärel, õpivad prohvetite käest vaimseid teadmisi. Nad õpivad Kolmainu Jumala, Taeva, vaimumaailma reeglite jne kohta. Niisuguste teadmiste määr on piiramatu, seega ei ole õppimisel otsa. Kuid vaimsete asjade õppimine ei ole kunagi igav ega raske, nii nagu mõned maapealsed õpingud. Mida enam te õpite, seda enam te hämmastute ja saate valgustatud, seega on need õpingud palju armurohkemad.

Ka selle maa peal võivad puhta tasase südamega inimesed Jumalaga suhelda ja vaimseid teadmisi saada. Mõned nende inimeste seast näevad vaimumaailma, sest nende vaimusilmad on avatud. Samuti mõistavad mõned inimesed Püha Vaimu õhutusel vaimseid asju. Nad võivad usku või palvevastuste reegleid tundma õppida, nii võivad nad isegi selles füüsilises maailmas kogeda vaimule kuuluvat Jumala väge.

Kui te võite vaimseid asju tundma õppida ja neid selles füüsilises maailmas kogeda, muudab see teid palju energilisemaks ja õnnelikumaks. Siis kuivõrd palju rõõmsamaks ja õnnelikumaks te muutute siis, kui te võite Taeva ootekohas vaimseid asju süvitsi tundma õppida!

Selle maailma uudiste kuulmine

Missugune elu on inimestel Taeva ootekohas? Nad kogevad tõelist rahu ja ootavad oma igavesse taevasesse kodusse minekut. Neil ei ole mitte millestki puudust, nad on õnnelikud ja neil on hea meel. Nad ei löö lihtsalt aega surnuks, vaid õpivad inglitelt ja prohvetitelt palju asju.

Nende seast on määratud juhid ja nad elavad teatud korra järgi. Neil ei ole lubatud maa peale alla tulla, seega on nad alati uudishimulikud ja tahavad teada siinsete sündmuste kohta. Nad ei huvitu maailma asjust, vaid jumalariiki puudutavast nagu näiteks: „Kuidas läheb koguduses, kus ma teenisin? Kui palju kogudusele antud ülesandeid on ellu viidud? Kuidas läheb maailmamisjoni töö?"

Seega on neil väga hea meel, kui nad kuulevad uudiseid sellest maailmast inglitelt, kes võivad maa peale alla tulla või Uue Jeruusalemma prohvetite käest.

Jumal andis mulle kord ilmutuse minu koguduseliikmete kohta, kes asuvad praegu Taeva ootekohas. Nad palvetavad eraldi kohtades ja ootavad, et nad võiksid kuulda mu koguduse kohta uudiseid. Nad tunnevad eriti huvi minu kogudusele antud ülesannete vastu, milleks on misjonitöö maailmas ja Suure pühamu ehitamine. Nad on väga õnnelikud kui nad kuulevad häid sõnumeid. Seega, kui nad kuulevad uudiseid, mis toovad Jumalale au meie väliskrusaadide läbi, on nad põnevil ja rahul ning pidutsevad.

Samamoodi on taevase ootekoha inimestel õnnelik ja meeldiv olemine ja vahel kuulevad ka nemad uudiseid selle maa kohta.

Range kord Taeva ootekohas

Erineva usutasemega inimesed, kes lähevad pärast kohtupäeva Taeva eri kohtadesse, viibivad kõik Taeva ootekohas, kuid seal peetakse korraldustest täpselt kinni. Väiksema usuga inimesed austavad suurema usuga inimesi, kummardades oma pead. Vaimseid korraldusi ei anta selle maailma positsiooni alusel, vaid pühitsuse ja Jumalalt saadud ülesannete ustava täitmise alusel.

Sel viisil täidetakse korraldusi rangelt, kuna Taevas valitseb õigsuse Jumal. Kuna korraldused antakse valguse ereduse, headuse määra ja iga ustava usukliku armastuse suuruse alusel, ei saa keegi kurta. Taevas täidab igaüks vaimset korda, kuna päästetute meeles ei ole kurja.

Aga see kord ja eriliiki au ei ole ette nähtud sunniviisiliseks kuuletumiseks. Kuuletumine tuleb üksnes armastusest ja austusest, mis lähtuvad tõelisest siirast südamest. Seega austatakse taevases ootekohas kõiki neid, kes on südame poolest teistest ees ja neile antakse peakummardusega au, sest nende vaimne erinevus on loomuomaselt tunnetatav.

4. Inimesed, kes ei viibi ootekohas

Kõik inimesed, kes sisenevad pärast kohtupäeva oma vastavasse paika Taevas, viibivad praegu paradiisi äärel, taevases ootekohas. Kuid on siiski mõned erinevused. Need, kes saavad minna Uude Jeruusalemma, Taeva kõige kaunimasse kohta, lähevad otse Uude Jeruusalemma ja aitavad Jumala töös. Sellistel inimestel on selge ja kristallkaunis Jumala süda ja nad elavad Jumala erilise armastuse ja hoole all.

Nad aitavad Jumala töös Uues Jeruusalemmas

Kus viibivad nüüd meie usuisad, kes on pühitsetud ja ustavad kogu Jumala koja üle, nagu Eelija, Eenok, Aabraham, Mooses ja apostel Paulus? Kas nad viibivad paradiisi äärel, Taeva ootekohas? Ei. Kuna need inimesed on täielikult pühitsetud ja täiesti Jumala südame sarnased, on nad juba Uues Jeruusalemmas. Aga kuna kohus ei ole veel aset leidnud, ei saa nad oma tulevastesse igavestesse kodadesse minna.

Aga kus nad siis asuvad Uues Jeruusalemmas? Uus

Jeruusalemm on tuhat viissada miili lai, pikk ja kõrge ja seal on paar erimõõtmelist vaimset ruumi. Seal asub Jumala troon, mõned kohad, kuhu ehitatakse majasid ja teised kohad, kus meie usuisad, kes on juba Uude Jeruusalemma sisenenud, teevad Isandaga tööd.

Meie usuisad, kes juba viibivad Uues Jeruusalemmas, ootavad pikisilmi päeva, mil nad saavad minna oma igavesse asupaika, samal ajal nad aitavad Jumala töös Isandat, kes valmistab meie asukohtasid ette. Nad igatsevad väga oma igavestesse kodadesse minna, sest nad saavad sinna minna alles pärast Jeesuse Kristuse teist tulekut õhus, seitsmeaastast pulmapidu ja tuhandeaastast rahuriiki siin maa peal.

Apostel Paulus, kes oli täis taevalootust, tunnistas järgmist 2. Timoteosele 4:7-8.

Olen võidelnud head võitlemist, lõpetanud elujooksu, säilitanud usu. Nüüd on mulle valmis pandud õiguse pärg, mille Isand, õiglane kohtunik, oma päeval mulle annab, aga mitte üksnes mulle, vaid kõikidele, kes igatsevad Tema ilmumist.

Neil, kes võitlevad head usuvõitlust ja loodavad Isanda naasemist, on kindel lootus taevasele asukohale ja tasudele. Selline usk ja lootus võivad suureneda, kui vaimumaailma kohta rohkem teada ja ma selgitan tollepärast Taevast lähemalt.

Eedeni aed Teises taevas või Kolmanda taeva ootekohas on ikkagi ilusam kui see maailm, aga isegi neid kohti ei saa võrrelda Jumala trooni asukoha – Uue Jeruusalemma au ja hiilgusega.

Seega ma palun Isanda nimel, et te ei jookseks apostel

Pauluse moodi usu ja lootusega vaid Uue Jeruusalemma suunas, vaid juhataksite ka palju hingesid pääsemise teele, levitades evangeeliumi ka siis kui see ülesanne peaks teie elu nõudma.

3. peatükk

Seitsme aasta pikkune pulmapidu

1. Isanda tagasitulek ja seitsme aasta pikkune pulmapidu
2. Tuhandeaastane rahuriik
3. Taevane tasu pärast kohtupäeva

Õnnis ja püha on see,
kes saab osa esimesest ülestõusmisest;
nende üle ei ole teisel surmal meelevalda,
vaid nad on Jumala ja
Kristuse preestrid ning valitsevad koos
Temaga kuningatena tuhat aastat.

- Johannese ilmutus 20:6 -

Enne tasu saamist ja igavese taevase elu algust minnakse kohtumõistmiseks valge kohtutrooni ette. Enne suurt kohtupäeva on Isanda teine tagasitulek läbi õhu, seitsmeaastane pulmapidu, Isanda maa peale naasmine ja tuhandeaastane rahuriik.

Kõik selle on Jumal ette valmistanud oma armastatud laste trööstiks, kes pidasid selle maa peal olles usust kinni ja selleks, et anda neile eelmaitse Taevast.

Seega, need, kes usuvad Isanda teist tagasitulekut ja loodavad kohtuda Temaga, kes on meie peig, ootavad pikisilmi seitsmeaastast pulmapidu ja tuhandeaastast rahuriiki. Piiblisse kirja pandud Jumala Sõna on tõene ja kõik prohvetikuulutused on tänapäeval täitumas.

Te peaksite olema tark usklik ja andma endast parimat, et end Tema pruudina ette valmistada, saades aru, et kui te ei ole ärkvel ja ei ela Jumala Sõna kohaselt, tuleb Isanda päev nagu varas ja te saate surma.

Vaatame üksikasjalikult imelisi asju, mida Jumala lapsed kogevad enne kui nad lähevad kristallselgesse ilusasse Taevasse.

1. Isanda naasmine ja seitsme aasta pikkune pulmapidu

Apostel Paulus kirjutab Roomlastele 10:9: *„Kui sa oma suuga tunnistad, et Jeesus on Isand, ja oma südames usud, et Jumal on Ta üles äratanud surnuist, siis sind päästetakse."* Päästetuks saamiseks ei ole vaja mitte vaid tunnistada, et Jeesus on teie Isand, vaid ka südames uskuda, et Ta suri ja tõusis surnuist taas elavaks.

Kui te ei usu Jeesuse ülestõusmist, ei saa te uskuda oma tulevast ülestõusmist Isanda teise tuleku ajal. Te ei suuda isegi uskuda, et Isand tagasi tuleb. Kui te ei suuda Taeva ja põrgu olemasolu uskuda, siis ei saa te jõudu, et Jumala Sõna kohaselt elada ja te ei saa päästetud.

Kristliku elu ülim eesmärk

1. Korintlastele 15:19 öeldakse: *"Kui me loodame Kristuse peale üksnes selles elus, siis me oleme kõigist inimestest armetumad."* Jumala lapsed, erinevalt maailma uskmatutest, tulevad kogudusse, osalevad teenistustel ja teenivad Isandat igal pühapäeval paljudel viisidel. Selleks, et elada Jumala Sõna kohaselt, nad paastuvad sageli ja palvetavad Jumala pühamu juures varahommikul või hilja öösel, isegi siis kui neil on vahel puhata vaja.

Nad ei taotle ka omakasu, vaid teenivad teisi ja ohverdavad end jumalariigi eest. Sellepärast, kui Taevast poleks, oleksid ustavad kõige haletsusväärsemad. Kuid on kindel, et Isand tuleb tagasi, et teid Taevasse viia ja Ta valmistab teie jaoks ilusat kohta ette. Ta tasub teile vastavalt sellele, mida te olete selles maailmas külvanud ja teinud.

Jeesus ütles Matteuse 16:27: *"Sest Inimese Poeg tuleb oma Isa kirkuses oma inglitega ja siis Tema tasub igaühele selle tegusid mööda."* Siin ei tähenda „tasu tegusid mööda" lihtsalt kas Taevasse või põrgusse minekut. Isegi nende usklike seas, kes lähevad Taevasse, saadakse erinevaid tasusid ja erisugust au vastavalt sellele, kuidas nad siin maailmas elasid. Mõnedel on halvakspanu ja nad kardavad kuulda Isanda peatse tagasituleku kohta. Aga kui te tõesti armastate Isandat ja teil on taevalootus, on loomulik, et te igatsete ja ootate, et Isandaga kiiremini kohtuda. Kui te tunnistate oma huultega: „Ma armastan Sind, Isand," kuid nad ei salli ja isegi kardavad kuulda, et Isand tuleb pea tagasi, ei saa öelda, et tegu oleks tõesti Isanda armastamisega.

Seega te peaksite oma peiu, Isanda, rõõmuga vastu võtma, oodates pikisilmi südames Ta teist tagasitulekut ja end mõrsjana ette valmistades.

Isanda teine tagasitulek õhus

1. Tessaloonikastele 4:16-17 kirjutatakse: *„Sest Isand ise tuleb sõjahüüu, peaingli hääle ja Jumala pasuna saatel alla Taevast ning esmalt tõusevad üles surnud, kes on läinud magama Kristuses, pärast kistakse meid, kes me oleme üle jäänud elama, ühtviisi koos nendega pilvedes üles õhku Isandale vastu, ja nõnda me saame alati olla koos Isandaga."*

Kui Isand tuleb õhus tagasi, muutub iga jumalalaps vaimseks ihuks ja ta tõstetakse õhku, kus ta kohtub Isandaga. On inimesi, kes on päästetud ja surnud. Nende ihud maetakse, kuid nende vaimud ootavad paradiisis. Me räägime niisugustest inimestest kui „surnutest Isandas." Nende vaimud saavad üheks nende vaimse ihuga, mis muudeti ümber nende vanadest, maetud ihudest. Neile järgnevad need, kes saavad Isandaga kokku surma nägemata ja kes muutuvad üles, õhkuvõetult, vaimseks ihuks.

Jumal peab õhus pulmasöömaaja

Kui Isand naaseb õhus, võtab igaüks, kes on loomise alates päästetud, Isanda peigmehena vastu. Sel ajal alustab Jumal seitsmeaastast pulmasöömaaega, et trööstida oma lapsi, kes pääsesid usu kaudu. Nad saavad Taevas hiljem oma tegude eest kindlasti tasu, aga sel ajal peab Jumal õhus pulmasöömaaja selleks, et kõiki oma lapsi trööstida.

Näiteks kui kindral naaseb suure triumfiga, mida teeb kuningas? Ta annab kindralile igasugused autasud väljapaistva teenistuse eest. Kuningas võib anda talle maja, maa, rahalise tasu ja tema teenete eest vastutasuks ka peo korraldada.

Samamoodi annab Jumal oma lastele koha, kus viibida ja taevased tasud pärast suurt kohtupäeva, aga enne seda peab Ta pulmapeo, et Ta lastel oleks hea olla ja et nendega ühiselt rõõmustada. Kuigi igaüks tegi selles maailmas jumalariigi jaoks erinevaid asju, peab ta peo isegi vaid seetõttu, et nad pääsesid.

Kus on siis see „õhk," kus peetakse seitsmeaastane pulmapidu? „Õhk" ei tähenda siin ihusilmaga nähtavat taevast. Kui see „õhk" oleks lihtsalt silmaga nähtav Taevas, peaksid kõik päästetud heljuma pidusöömaajal füüsilises taevas. Samuti on loomise algusest saadik päästetud nii palju inimesi ja kõik nad ei võiks selle maa taevas viibida.

Veelgi, pidusöömaaeg on plaanitud ja väga hästi üksikasjalikult ette valmistatud, sest Jumal ise teeb seda oma laste trööstiks. On koht, mida Jumal on kaua ette valmistanud. See koht ongi „õhk," mille Jumal valmistas seitsmeaastaseks pulmasöömaajaks ja see ruum on Teises taevas.

"Õhk" kuulub Teise taevasse

Efeslastele 2:2 räägitakse ajast, *"milles te varem käisite selle maailmaajastu viisil, vürsti viisil, kellel on meelevald õhus, vaimu viisil, kes nüüdki on tegev sõnakuulmatute laste seas.*" Seega, "õhk" on samuti koht, kus kurjadel vaimudel on meelevald.

Kuid koht, kus seitsmeaastane pulmasöömaaeg toimub ja koht, kus kurjad vaimud on, ei ole sama. Mõlemi korral kasutatakse sama väljendit "õhk," sest mõlemad kuuluvad Teise taevasse. Aga isegi Teine taevas ei ole üksainus ruum, vaid on jagatud aladeks. Seega on see koht, kus peetakse pulmasöömaaega, eraldatud kohast, kus asetsevad kurjad vaimud.

Jumal tegi uue vaimumaailma, mida kutsutakse Teiseks taevaks, võttes kogu vaimumaailmast teatud osa. Siis Ta jagas selle kaheks alaks. Üks on Eeden, mis on Jumalale kuuluv valguse ala ja teine on pimeduse ala, mille Jumal andis kurjadele vaimudele.

Jumal tegi Eedeni aia Eedeni idaossa, et Aadam jääks sinna inimese kasvatamise alguseni. Jumal võttis Aadama ja pani ta sinna aeda. Samamoodi andis Jumal pimeduse ala kurjadele vaimudele ja lasi neil seal olla. Sellel pimeduse alal ja Eedenil on täpne eralduspiir vahel.

Seitsme aasta pikkuse pulmasöömaaja koht

Kus siis peetakse seitsme aasta pikkust pulmasöömaaeg? Eedeni aed on vaid osa Eedenist ja Eedenis on palju muid kohti. Ühes nendest kohtadest on Jumal teinud ruumi seitsmeaastase pulmasöömaaja jaoks.

See koht, kus peetakse seitsme aasta pikkust pulmasöömaaega, on palju ilusam kui Eedeni aed. Seal on nii ilusad lilled ja puud. Paljude värvidega valgused säravad eredalt ja kirjeldamatult ilus ja puhas loodus ümbritseb seda kohta.

Samuti on see nii hiiglaslik, sest kõik loodu algusest alates päästetud osalevad pulmasöömaajal ühiselt. Seal on väga suur loss ja see on piisavalt suur, et igaüks, kes on pulmasöömaajale kutsutud, võiks sinna siseneda. Pulmasöömaaeg peetakse lossis ja tegu on kirjeldamatult õnnelike hetkedega. Nüüd ma tahaksin kutsuda teid seitsmeaastase pulmasöömaaja lossi. Ma loodan, et te võite tunda õnne, et te olete Isanda mõrsja, kes on pulmasöömaaja aukülaline.

Isandaga säravas ja ilusas paigas kohtumine

Kui te pidusaali jõuate, leiate te eest hiilgava saali, mis on täis eredaid tulesid, mida te ei ole kunagi varem näinud. Te tunnete, otsekui te ihu oleks sulgedest kergem. Kui te maandute vaikselt pehmele rohule, hakkate te oma silmadega seletama ümbritsevat, mis ei ole äärmiselt ereda valgustuse tõttu kohemaid nähtav. Te näete taevast ja järve, mis on silmipimestavalt selge ja puhas. See järv särab vee väreledes nagu kalliskivide ilusate värvide hiilgus.

Kõik neli külge on täis lilli ja rohelised metsad ümbritsevad kogu piirkonda. Lilled pöörduvad edasi-tagasi, otsekui nad lehvitaks teile ja te tunnete tugevaid, ilusaid ja meeldivaid lõhnu, mida te ei ole eales varem haistnud. Varsti tulevad mitmevärvilised linnud ja tervitavad teid lauluga. Järves, mis on nii selge, et pinnalt näeb seal sees olevat, torkavad imekaunid

kalad oma pead välja ja tervitavad teid.
Isegi rohi, mille peal te seisate, on pehme kui puuvill. Tuul, mis paneb te riided õrnalt värelema, embab teid mahedalt. Sel hetkel silmate te tugevat valgust ja näete üht isikut keset toda valgust seismas.

Isand kallistab teid ja ütleb: „Mu mõrsja, ma armastan Sind"

Leebe naeratus näol, kutsub Ta embamiseks väljasirutatud kätega teid enese juurde. Kui te lähete Ta juurde, muutub Ta nägu selgelt nähtavaks. Te näete Ta nägu esimest korda, aga te teate väga hästi, kes Ta on. Ta on Isand Jeesus, teie peig, keda te armastate ja olete pikisilmi kogu aeg oodanud näha. Sel hetkel hakkavad pisarad te silmist põski mööda alla voolama. Te ei suuda nutmast lakata, sest teil tuleb meelde aeg, kui teid maa peal kasvatati.

Te näete nüüd palest palgesse Isandat, kelle läbi te saite maailmas ka kõige raskemates olukordades ja rohke tagakiusu ja katsumuste käes võidu. Isand tuleb teie juurde, embab teid oma rinnal ja ütleb teile: „Mu mõrsja, ma olen oodanud seda päeva. Ma armastan Sind."

Seda kuuldes nutate te veel enam. Siis kuivatab Isand õrnalt te pisarad ja hoiab teid tugevamalt. Kui te vaatate Ta silma, tunnete te Ta südant. „Ma tean kõk Su kohta. Ma tean kõiki Su pisaraid ja kogu Su valu. Edaspidi koged Sa vaid õnne ja rõõmu."

Kui kaua te igatsesite seda hetke? Tema käte vahel olles tunnete te täit rahu ja te ihu mähkub rõõmuküllusesse.

Nüüd te kuulete tasast, sügavat ja ilusat kiituse heli. Siis hoiab Isand teie käest kinni ja viib teid paika, kust kiitus tuleb.

Pulmasöömaaja saal on täis värvilisi tulesid

Hetke pärast näete te toredat säravat lossi, mis on nii suurejooneline ja ilus. Kui te lossivärava ees seisate, avaneb see tasa ja lossi eredad valgused paistavad. Kui te Isandaga lossi sisenete, tõmbab valgus teid otsekui sinna sisse, sees on suur saal, mille teist otsa ei ole näha. Saal on kaunistatud ilusate kaunistuste ja esemetega ja on täis värvilisi eredaid tulesid.

Nüüd on kiituse hääl selgemaks muutunud ja läbib vaikselt saali. Lõpuks kuulutab Isand kõlaval häälel pulmasöömaaja algust. Seitsmeaastane pulmasöömaaeg algab ja tundub, otsekui te näete toda sündmust unes.

Kas te tunnete sel hetkel õnne? Muidugi ei saa igaüks, kes pulmasöömaajal osaleb, niimoodi Isandaga olla. Ainult need, kes tingimustele vastavad, võivad Ta läheduses liikuda ja Tema embuses olla.

Seega te peaksite end pruudina ette valmistama ja jumalikust loomusest osa saama. Kuid isegi kui kõik inimesed ei saa Isanda käest kinni hoida, tunnevad nad sama õnnetunnet ja täiust.

Õnnehetkede nautimine laulu ja tantsuga

Kui pulmapidusöömaaeg algab, te laulate ja tantsite Isandaga ja pühitsete Jumala Isa nime. Te tantsite Isandaga ja räägite selle maa peal elatud aegadest või Taevast, kus te elama hakkate.

Te räägite samuti Jumala Isa armastusest ja austate Teda. Teil võivad olla imetoredad vestlused inimestega, kellega te olete kaua olla tahtnud.

Kui te naudite suus sulavat puuvilja ja joote Isa troonilt

voolavat eluvett, jätkub pidusöömaaeg meeldivalt. Kuid te ei pea siiski kogu seitsme aasta jooksul lossis viibima. Vahel lähete te lossist välja ja kogete sealseid rõõmuhetki.

Missugused õnnelikud tegevused ja sündmused ootavad teid väljaspool lossi? Teil on aega, et nautida ilusat loodust ja tutvuda metsade, puude, lillede ja lindudega. Te võite jalutada oma lähedastega teedel, mis on kaunistatud nii ilusate lilledega, nendega rääkida või vahel Isandat laulu ja tantsuga kiita. Samuti on palju asju, mida te saate nautida suurtes välikohtades. Näiteks inimesed võivad lähedastega või Isandaga järvele paadiga sõitma minna. Te võite ujuma minna või paljude meelelahutuste ja mängudega tegeleda. Jumala igakülgne hoolitsus ja armastus annab teile paljut, mis toob kirjeldamatu rõõmu ja heameele.

Seitsmeaastase pulmapeo ajal ei kustutata kunagi ainsatki valgustust. Muidugi on Eeden valguse piirkond ja seal ei ole ööd. Eedenis ei ole vaja magama minna ja puhata, nii nagu maa peal tehakse. Ükskõik kui kaua te ka aega ei veedaks, te ei väsi kunagi ja selle asemel muutute te rõõmsamaks ja õnnelikumaks.

Sellepärast ei olegi tunda aja möödumist ja seitse aastat kulub nagu seitse päeva või isegi seitse tundi. Isegi kui teie vanemad, lapsed või vennad-õed ei saanud üles tõstetud ja kannatavad Suurt viletsuseaega, möödub aeg kiiresti rõõmsalt ja õnnelikult, et te ei saa nende peale isegi mõtelda.

Pääsemise eest rohkem tänu andes

Eedeni aias olevad inimesed ja pulmasöömaaja külalised saavad üksteist näha, aga nad ei saa vastastikku tulla ja minna. Samuti saavad kurjad vaimud pulmasöömaaega näha ja teie võite neid samuti näha. Muidugi ei saa kurjad isegi mõtelda peopaigale lähedale minekust, kuid te võite neid ikkagi näha. Pidusöömaaega ja küläliste õnne nähes kannatavad kurjad vaimud suurt valu. Nende jaoks teeb talumatut valu see, et nad ei suutnud veel ühte inimest põrgusse viia ja nad pidid loovutama inimesed Jumala lastena Jumalale.

Vastupidselt, kurje vaime vaadates meenub teile, kui palju nad üritasid teid siis, kui teid maa peal kasvatati, alla neelata nagu möirgavad lõukoerad.

Siis olete te veelgi tänulikum Jumala Isa, Isanda ja Püha Vaimu armu eest, kes kaitsesid teid pimedusejõudude eest ja juhtisid teid Jumala lapseks saama. Te muutute siis ka tänulikumaks nende vastu, kes aitasid teid eluteele.

Seega ei ole seitsmeaastane pulmasöömaaeg mitte üksnes puhkeaeg, mil teid lohutatakse maa peal kasvamise valu tõttu, vad ka aeg, mil meenutatakse maapealseid aegu ja ollakse veel tänulikumad Jumala armastuse eest.

Te võite ka mõtelda igavesest taevasest elust, mis on palju meeldivam kui seitsmeaastane pulmasöömaaeg. Taevast õnne ei saa võrrelda seitsmeaastase pulmasöömaaja jooksul kogetuga.

Seitsmeaastane viletsusaeg

Kui õhus peetakse õnnelikku pulmasöömaaega, leiab maa peal aset suur viletsusaeg. Suure viletsusaja loomuse ja suuruse tõttu, millesarnast kunagi ei ole olnud ja ka ei saa olema, hävib suur osa maast ja suurem osa allesjäänud inimestest sureb.

Muidugi, mõned neist päästetakse „noppelise pääsemisega." Paljud jäävad maa peale pärast Isanda teist tagasitulekut, sest nad ei uskunud üldse või nad ei uskunud õigesti. Kuid kui nad seitsmeaastase suure viletsusaja jooksul meelt parandavad ja märtriks saavad, võivad nad pääseda. Seda kutsutakse „noppeliseks pääsemiseks." Kuid seitsmeaastase suure viletsusaja jooksul ei ole lihtne märtriks saada. Isegi kui alguses otsustada märter olla, lõpetab enamus neid „666" märki vastu võtma sundiva antikristuse julma piina ja tagakiusu tõttu Isandat salates.

Tavaliselt keelduvad nad tugevasti märki vastu võtmast, sest nad teavad, et kui see vastu võtta, kuuluvad nad saatanale. Kuid ei ole üldsegi lihtne taluda piinu, millega kaasneb äärmiselt tugev valu.

Vahel isegi siis kui võita piinad, on raskem vaadata lähedaste pereliikmete piinu. Sellepärast on selle „noppelise pääsemisega" väga raske pääseda. Veelgi, kuna inimesed ei saa Püha Vaimu käest sellel ajal abi, on usust palju raskem kinni pidada.

Seepärast ma loodan, et ükski lugeja ei pea seitsmeaastase suure viletsuseaja kätte jääma. Ma selgitan seitsmeaastase suure viletsuseaja kohta seetõttu, et te teaksite, et Piiblis lõpuaja kohta kirja pandud sündmused on täitumas ja täituvad täpselt.

Teiseks põhjuseks on veel need, kes jäävad pärast Jumala laste õhku võtmist maa peale alles. Kui tõelised usklikud võetakse üles ja neil on seitsmeaastane pulmasöömaaeg, leiab maa peal aset seitsmeaastane armetu viletsuseaeg.

Märtrid saavad „noppeliselt päästetud"

Pärast Isanda tulekut taevasse on ülesvõtmata inimeste seas neid, kes parandavad meelt oma eksikust usust Jeesusesse

Kristusesse.

Neid viib „noppelisele pääsemisele" koguduses kuulutatud Jumala Sõna, mis näitab suuresti Jumala väetegusid lõpuajal. Nad saavad teada, kuidas pääseda, missugused sündmused leiavad aset ja kuidas nad peaksid reageerima Jumala Sõna kaudu prohvetlikult ette kuulutatud maailmasündmustele.

Seega on inimesi, kes parandavad Jumala ees tõesti meelt ja saavad märtritena päästetud. Seda kutsutakse niinimetatud „noppeliseks pääsemiseks." Muidugi on iisraellased nende inimeste seas. Nad saavad teada „risti sõnumist" ja mõistavad, et Jeesus, keda nad Messiaks ei pidanud, on tõesti Jumala Poeg ja kogu inimkonna Päästja. Siis nad parandavad meelt ja on osa „noppelisest pääsemisest." Nad kogunevad, et nende usk võiks koos olles suureneda ja mõned nende seast saavad teadlikuks Jumala südamest ja neist saavad märtrid, kes pääsevad.

Niimoodi on kirjutised, kus selgitatakse Jumala Sõna, selgelt mitte vaid abiks paljude usklike usu kasvatamisel, vaid nad etendavad ka väga olulist osa nende jaoks, keda ei võeta üles õhku. Seega te peaksite aru saama ka pärast Isanda teist taevast tulekut päästetavate jaoks kõik vajaliku teinud Jumala imelisest armastusest ja halastusest.

2. Tuhandeaastane rahuriik

Mõrsjaks olijad, kes lõpetavad seitsmeaastase pidusöömaaja, tulevad maa peale alla ja valitsevad Isandaga tuhat aastat (Johannese ilmutus 20:4). Kui Isand tuleb maa peale tagasi, puhastab Ta selle. Ta puhastab esiteks õhu ja teeb siis kogu looduse ilusaks.

Kogu vastpuhastatud maa külastamine

Nii nagu vastselt abiellunud paar läheb mesinädalatele, lähete teie oma peiu Isandaga pärast seitsmeaastast pidusöömaaega tuleva tuhandeaastase rahuriigi ajal rännakutele. Missugust kohta te siis soovite kõige enam külastada? Jumala lapsed, Isanda mõrsjad, tahaksid külastada selle maa peal üht ja teist kohta, sest nad peavad sealt peagi lahkuma. Jumal liigutab pärast tuhandeaastast rahuriiki kõik asjad Esimeses taevas – näiteks maa, mille peal inimesi kasvatati ning päikese ja kuu teise maailmaruumi.

Seega pärast seitsmeaastast pulmasöömaaega sisustab Jumal Isa maa taas ilusalt ja laseb teil seal Isandaga tuhat aastat valitseda, enne kui Ta selle ära viib. See on Jumala ettehoolde raames eelnevalt plaanitud protsess, kus Ta lõi kõik ajad Taevas ja maa peal kuue päevaga ja puhkas seitsmendal päeval. Ta laseb teid Isandaga tuhat aastat valitseda, et te maa pealt lahkumise tõttu kurbust ei tunneks. Teil on meeldiv aeg, mil te valitsete Isandaga tuhat aastat selle ilusa taassisustatud maa peal. Kui te külastate kõiki kohti, kus te maa peal elades ei viibinud, tunnete te senitundmatut õnne ja rõõmu.

Tuhandeaastane valitsemine

Sel ajal ei ole vaenlast saatanat ja kuradit. Nii nagu Eedeni aias elamise ajal, on niisuguses mugavas keskkonnas vaid rahu ja puhkus. Samuti jäävad maa peale päästetud ja Isand, kuid nad ei ela lihas olevate inimestega, kes suure viletsuseaja üle elasid. Päästetud ja Isand elavad eraldi kohas, mis sarnaneb kuninglikule paleele või lossile. Teiste sõnadega, vaiminimesed elavad lossis ja lihas inimesed lossist väljaspool, sest vaimsed ja lihalikud ihud ei saa ühes kohas koos olla.

Vaimsed inimesed on juba vaimihudeks muutunud ja neil on igavene elu. Nii võivad nad elada, tundes lõhnu nagu lillelõhn, aga vahel võivad nad koos viibides ka lihalike inimestega süüa. Aga isegi kui nad söövad, ei väljuta nad jääkaineid nagu lihas inimesed. Isegi kui nad söövad füüsilist rooga, lahustub see hingamise kaudu õhus.

Lihas inimesed keskenduvad arvulisele paljunemisele, sest seitsmeaastase suure viletsuseaja üleelanuid ei ole palju. Sel ajal ei ole haigusi ega kurja, sest õhk on puhas ja vaenlast saatanat ega kuradit ei ole. Kuna kurja üle valitsev vaenlane saatan ja kurat on vangistatud põhjatusse sügavikku, ei avalda ebaõiglus ja inimloomuse kurjus mõju (Johannese ilmutus 20:3). Samamoodi, kuna surma ei ole, täitub maa taas paljude inimestega.

Mida siis söövad lihas inimesed? Kui Aadam ja Eeva elasid Eedeni aias, sõid nad vaid puuvilju ja taimi, milles olid seemned (1. Moosese raamat 1:29). Kui Aadam ja Eeva ei kuuletunud Jumalale ja nad aeti Eedeni aiast välja, hakkasid nad põllutaimi sööma (1. Moosese raamat 3:18). Pärast Noa aegset veeuputust muutus maailm veel kurjemaks ja Jumal lubas inimkonnal liha süüa. Siit on näha, et mida kurjemaks maailm muutus, seda kurjemat toitu hakkasid inimesed sööma.

Tuhandeaastase rahuriigi ajal söövad inimesed põlluvilja

või puuvilju. Nad ei söö liha, nagu inimesed enne Noa aegset veeuputust tegid, sest kurja ega tapmist ei ole enam. Samamoodi, kuna suure viletsuseaja sõjad hävitavad igasugused tsivilisatsioonid, naastakse algse eluviisi juurde ja paljunetakse arvuliselt maa peal, mille Isand uuesti sisustab. Inimesed alustavad taas puhtas looduses, mis on rüvetamata, rahulik ja kaunis.

Veelgi, isegi kui enne suurt viletsuseaega elati arenenud tsivilisatsioonis ja omati teadmisi, ei saavutata tänapäeva kaasaegse tsivilisatsiooni taset saja-kahesaja aasta jooksul. Aga aja möödudes ja inimeste tarkuse kogunedes suudetakse saada tuhandeaastase rahuriigi lõpuks tänapäevane tsivilisatsioonitase.

3. Taevane tasu pärast kohtupäeva

Pärast tuhandeaastast rahuriiki laseb Jumal üürikeseks ajaks sügavikku vangistatud vaenlase saatana ja kuradi lahti. (Johannese ilmutus 20:1-3). Kuigi Jumal ise valitseb maa peal, et juhtida suure viletsuseaja üle elanud lihas inimesi ja nende järglasi igavesele päästele, ei ole neil tõest usku. Seega Jumal laseb vaenlasel saatanal ja kuradil neid ahvatleda.

Vaenlane kurat petab paljusid lihas inimesi ja nad lähevad hävingu teed (Johannese ilmutus 20:8). Seetõttu mõistab jumalarahvas taas, miks Jumal tegi põrgu ja Jumala suurt armastust, kes tahab omale tõelisi lapsi inimese kasvatamise kaudu.

Veidiks ajaks lahti lastud kurjad vaimud pannakse taas põhjatusse sügavikku ja leiab aset suure valge trooni kohus

(Johannese ilmutus 20:12). Kuidas siis toimub suure valge trooni kohus?

Jumal juhatab Valge trooni kohtumõistmist

1982. aasta juulikuus, kui ma palvetasin koguduse avamise eest, sain ma üksikasjalikult teada Valge trooni kohtumõistmisest. Jumal ilmutas mulle pildi, kus Jumal mõistab kõikide üle kohut. Jumala Isa trooni ees seisid Isand ja Mooses ja trooni ümber olid inimesed, kes etendasid kohtunike kogu osa.

Erinevalt selle maailma kohtunikest, on Jumal täiuslik ja ei tee vigu. Aga Ta mõistab ikkagi kohut Isandaga, kes kaitseb armastuses, Mooses on seaduse alusel süüdistaja ja teised inimesed kohtunike kogu liikmed. Johannese ilmutuses 20:11-15 kirjeldatakse täpselt Jumala kohtumõistmist.

Ma nägin suurt valget trooni ning seda, kes sellel istub, kelle palge eest põgenesid maa ja Taevas, ning neile ei leidunud aset. Ja ma nägin surnuid, suuri ja pisikesi, seisvat trooni ees, ning raamatud avati. Teine raamat avati, see on eluraamat. Ja surnute üle mõisteti kohut sedamööda, kuidas raamatuisse oli kirjutatud, nende tegude järgi. Ja meri andis tagasi oma surnud ning surm ja surmavald andsid tagasi oma surnud ning igaühe üle mõisteti kohut tema tegude järgi. Ja surm ja surmavald visati tulejärve. See on teine surm – tulejärv. Keda iganes ei leitud olevat eluraamatusse kirjutatud, see visati tulejärve!

„Suur valge troon" tähistab siin kohtunikust Jumala trooni. Jumal, kes istub troonil, mis on nii ere, et näib „valge," teostab viimase kohtumõistmise armastuse ja õigsusega ja saadab põrgusse nisu asemel sõklad.

Seepärast kutsutaksegi seda vahel Valge trooni suurkohtuks. Jumal mõistab kohut täpselt „eluraamatu" järgi, kus on päästetute nimed ja teiste raamatute alusel, kus on igaühe teod kirja pandud.

Päästmata inimesed lähevad põrgusse

Jumala trooni ees ei ole üksnes eluraamat, vaid ka teised raamatud, kuhu on kirja pandud iga Jumalat mitte vastu võtnud või tõelise usuta inimese teod (Johannese ilmutus 20:12).

Neis raamatutes on kirjas iga viimne tegu inimese sünnihetkest hetkeni, mil Isand kutsus nende vaimu. Näiteks, inglid on kirja pannud heade tegude tegemise, kellegi kirumise, löömise või inimeste peale vihastumise.

Nii nagu video või audiosalvestisega saab teatud vestlusi või sündmusi pika aja jooksul salvestada ja säilitada, kirjutavad ja salvestavad inglid taevastesse raamatutesse kõigeväelise Jumala käsul kõik sündmused. Seega peetakse valge trooni suurkohus täpselt ja veatult. Kuidas siis kohtumõistmine sünnib?

Päästmata inimeste üle mõistetakse kohut kõigepealt. Need inimesed ei saa kohtumõistmiseks Jumala ette tulla, sest nad on patused. Nende üle mõistetakse kohut vaid surmavallas, põrgu ootekohas. Isegi kui nad ei tule Jumala ette, teostatakse kohtumõistmine sama rangelt kui see sünniks Jumala ees seistes.

Patuste seas mõistab Jumal esiteks kohut nende üle, kelle patud on raskemad. Pärast kõigi päästmata inimeste üle kohtumõistmist lähevad nad kõik kas koos tulejärve või põlevasse väävlijärve ja saavad igavese karistuse osaliseks.

Päästetud saavad tasu Taevas

Pärast seda kui päästmata inimeste üle on kohtumõistmine niimoodi peetud, järgneb päästetute tasu kohtumõistmine. Nii nagu on lubatud Johannese ilmutuses 22:12: *„Vaata, ma tulen varsti ning toon igaühele palga, ma tasun igaühele tema tegude järgi,"* määratakse taevased asukohad ja tasud vastavalt tegudele.

Tasu määramise kohus sünnib rahus Jumala ees, sest see on Jumala lastele. Tasu kohus algab neist, kes saavad suurimad ja rohkeimad tasud ja jätkub kõige vähimate tasude suunaliselt, pärast seda lähevad jumalalapsed vastavatesse asukohtadesse.

Ja ööd ei ole enam ning neile ei ole vaja lambivalgust ega päikesevalgust, sest Isand Jumal ise valgustab neid, ning nemad valitsevad kuningatena igavesest ajast igavesti (Johannese ilmutus 22:5).

Hoolimata paljudest selle maailma vintsutustest ja raskustest, kui õnnis see on, sest teil on taevalootus! Seal elate te Isandaga igavesti üksnes õnne ja head meelt tundes ja enam ei ole pisaraid, kurbust, valu, haigust ega surma.

Ma olen kirjeldanud vaid veidikest seitsmeaastasest pulmasöömaajast ja tuhandeaastasest rahuriigist, mil te valitsete Isandaga. Kui see aeg, mis on vaid taevase elu sissejuhatus, on nii õnnelik, kuivõrd palju õnnelikum ja rõõmsam saab olema elu Taevas? Seepärast peaksite te oma asukoha ja omale Taevas valmis pandud tasude suunas jooksma kuni Isand naaseb, et teid endaga kaasa viia.

Miks püüdsid meie usuisad nii väga ja kannatasid nii palju, et minna Isanda kitsast teed mööda, selle asemel, et valida maailma avara tee kasuks? Nad paastusid ja palvetasid palju öid, et oma pattudest vabaneda ja end täielikult pühendada, kuna neil oli taevalootus. Kuna nad uskusid Jumalat, kes neile tasub Taevas vastavalt nende tegudele, püüdsid nad nii innukalt olla püha ja ustav kogu Jumala koja üle.

Seega ma palun Isanda nimel, et te mitte vaid ei võtaks osa seitsmeaastasest pulmasöömaajast ja ei oleks Isanda embuses, vaid et te võiksite ka viibida Jumala taevase trooni lähedal, püüdes anda endast parimat tulise taevalootusega.

4. peatükk

Taeva loomisest alates varjul olnud saladused

1. Taeva saladused tehti avalikuks juba Jeesuse tulekuajast

2. Lõpuajal ilmutatud Taeva saladused

3. Minu Isa kojas on palju eluasemeid

Ja Jeesus kostis:
„Teile on antud mõista
taevariigi saladusi,
neile aga ei ole,
sest kellel on, sellele antakse,
ja tal on rohkem kui küllalt,
aga kellel ei ole,
sellelt võetakse ära seegi, mis tal on.
Ma räägin neile tähendamissõnadega
sellepärast, et nad vaadates ei näe,
ja kuuldes ei kuule
ega mõista."

Seda kõike rääkis Jeesus rahvahulkadele
tähendamissõnades
ja ilma tähendamissõnata
ei rääkinud Ta neile midagi,
et läheks täide, mis on üteldud prohveti kaudu:
„Ma avan oma suu tähendamissõnadeks,
kuulutan, mis on olnud peidus
maailma rajamisest peale."

- Matteuse 13:11-12, 34-35 -

Ühel päeval kui Jeesus istus mererannal, kogunes palju inimesi. Siis Jeesus rääkis neile palju asju tähendamissõnadega. Jeesuse jüngrid küsisid Temalt siis: "*Miks sa räägid neile tähendamissõnadega?* " Jeesus vastas neile:

Ja Jeesus kostis: "Teile on antud mõista taevariigi saladusi, neile aga ei ole, sest kellel on, sellele antakse, ja tal on rohkem kui küllalt, aga kellel ei ole, sellelt võetakse ära seegi, mis tal on. Ma räägin neile tähendamissõnadega sellepärast, et nad vaadates ei näe, ja kuuldes ei kuule ega mõista. Ja nende kohta läheb täide Jesaja ennustus, mis ütleb: "Kuuldes te kuulete ega mõista, vaadates vaatate ega näe. Sest selle rahva süda on kalestunud ja nad kuulevad oma kõrvadega raskesti ja sulevad oma silmad, et nad silmadega ei näeks ja kõrvadega ei kuuleks, et nad südamega ei mõistaks ega pöörduks, et ma võiksin neid parandada" (Matteuse 13:11-17).

Just nii nagu Jeesus ütles, paljud prohvetid ja õiged mehed ei saanud näha ega kuulda kuningriigi saladusi, kuigi nad tahtsid neid näha ja kuulda.

Ometi, kuna Jeesus, kes oli Jumala enese kuju, tuli selle maa peale alla (Filiplastele 2:6-8), lubati Taeva saladusi avaldada Tema jüngritele. Nii nagu kirjutatakse Matteuse 13:35: "*Et läheks* täide, mis on üteldud prohveti kaudu: „Ma avan oma suu tähendamissõnadeks, kuulutan, mis on olnud peidus maailma rajamisest peale."" Jeesus rääkis tähendamissõnadega, et täide viia seda, mis oli Pühakirjas kirjutatud.

1. Taeva saladused tehti avalikuks juba Jeesuse tulekuajast

Matteuse 13. peatükis on palju tähendamissõnu Taeva kohta. See on nii, kuna tähendamissõnadeta ei saa te Taeva saladustest aru ja ei mõista neid isegi Piiblit mitu korda lugedes.

Taevariik on inimese sarnane, kes külvas oma põllule head seemet (24. salm).

Taevariik on sinepiivakese sarnane, mille inimene võttis ja külvas oma põllule. See on küll kõige väiksem kõigist seemneist, ent kui taim kasvab, siis on see suurim aias ja saab puuks, nii et Taeva linnud tulevad ja pesitsevad selle okstel (31.-32. salmid).

Taevariik on haputaigna sarnane, mille naine võttis ja segas kolme vaka jahu sekka, kuni kõik läks hapnema (33. salm).

Taevariik on põllusse peidetud aarde sarnane, mille inimene leidis ja peitis jälle. Ta läks rõõmuga ja müüs ära kõik, mis tal oli, ning ostis selle põllu (44. salm).

Veel on taevariik kaupmehe sarnane, kes otsis ilusaid pärleid. Kui ta siis leidis ühe eriti hinnalise pärli, läks ta ja müüs maha kõik, mis tal oli, ning ostis selle (45.-46. salmid).

Veel on taevariik nooda sarnane, mis heideti merre ja mis vedas kokku igasuguseid kalu. Kui noot sai täis, veeti see rannale, istuti maha ja koguti head kalad korvidesse, halvad aga visati minema (47.-48. salmid).

Jeesus kuulutas samamoodi mitmete tähendamissõnadega Taevast, mis on vaimumaailmas. Kuna Taevas on nähtamatus vaimumaailmas, võib seda hoomata üksnes tähendamissõnade kaudu.

Selleks, et omada igavest elu Taevas, tuleb elada kohast usuelu, teadmisega, kuidas saada Taevast oma omandiks, missugused inimesed sinna lähevad ja kuidas see teostub.

Mis on koguduses käimise ja usuelu elamise ülim eesmärk? See seisneb pääsemises ja Taevasse minekus. Aga see on hale kui te Taevasse minna ei saa, olgugi et te olete koguduses kaua aega käinud

Isegi Jeesuse ajal kuuletusid paljud inimesed seadusele ja tunnistasid oma usku Jumalasse, kuid ei olnud kvalifitseeritud pääsemiseks ja Taevasse minekuks. Matteuse 3:2 kuulutab Ristija Johannes seetõttu: *„Parandage meelt, sest Taevariik on lähedal!"* ja ta valmistas Isandale teed. Samuti rääkis ta inimestele Matteuse 3: 11-12, et Jeesus on Päästja ja Suure kohtu Isand, öeldes: *„Mina ristin teid veega, et te meelt parandaksite,*

aga see, kes tuleb pärast mind, on minust vägevam. Mina ei kõlba tooma talle jalatseidki. Tema ristib teid Püha Vaimu ja tulega. Tal on visklabidas käes ja Ta puhastab oma rehealuse ning kogub oma nisud aita, aga aganad põletab Ta ära kustutamatu tulega."
Sellest hoolimata ei suutnud tolle aja iisraellased Teda nende Päästjana mitte ära tunda, vaid nad lõid Ta ka risti. Kui kurb, et nad ootavad Messiat ikka isegi praegu!

Apostel Paulusele ilmutati Taeva saladused

Kuigi apostel Paulus ei olnud üks Jeesuse esialgsest kaheteistkümnest jüngrist, andis ta Jeesuse Kristuse kohta sama usinalt tunnistust. Enne seda kui Paulus kohtus Isandaga, oli ta variser, kes pidas käsuõpetusest ja vanemate pärimustest rangelt kinni ja ta oli sünnipärase Rooma kodakondsusega juut, kes osales algkristlaste tagakiusamises.

Aga pärast Damaskuse teel Isandaga kohtumist muutis Paulus oma meelt ja juhatas väga palju inimesi pääsemise teele, keskendudes paganatele evangeeliumi kuulutamisele.

Jumal teadis, et Paulus kannatab evangeeliumit kuulutades palju valu ja tagakiusu tõttu. Ta ilmutas Paulusele Taeva imepäraseid saladusi, et ta püüdleks võiduhinna poole (Filiplastele 3:12-14). Jumal lasi tal kuulutada evangeeliumi ülima rõõmu ja taevalootusega.

Kui Pauluse kirju lugeda, võib näha, et ta kirjutas täiesti Püha Vaimu õhutusel Isanda tagasitulekust, usklike ülesvõtmisest, nende taevastest elukohtadest, Taeva aust, igavestest tasudest ja kroonidest, igavesest preestrist Melkisedekist ja Jeesusest Kristusest.

2. Korintlastele 12:1-4 rääkis Paulus oma vaimsetest kogemustest Korintose kogudusele, mille ta asutas ja mis ei elanud Jumala Sõna alusel.

Tuleb kiidelda, ehkki sellest pole kasu. Nüüd tahan ma tulla nägemuste ja Isanda ilmutuste juurde. Ma tean ühte inimest Kristuses, keda neljateistkümne aasta eest – kas ta oli ihus, seda ma ei tea, või kas ta oli ihust väljas, seda ma ei tea, Jumal teab – tõmmati kolmanda taevani. Ja ma tean, et sama inimest – kas ta oli ihus või ihust lahus, seda ma ei tea, Jumal teab – tõmmati paradiisi ja ta kuulis öeldamatuid sõnu, mida inimene ei tohi rääkida.

Jumal valis apostel Pauluse paganatele evangeeliumi kuulutamiseks, puhastas teda tulega ja andis talle nägemusi ja ilmutusi. Jumal juhatas ta armastuse, usu ja taevalootusega kõiki raskusi võitma. Näiteks Paulus tunnistas, et ta viidi neliteist aastat tagasi paradiisi kolmandas taevas, kus ta kuulis Taeva saladusi, kuid need olid nii imeväärsed, et inimesel ei olnud luba neist rääkida.

Apostel on isik, kelle Jumal on kutsunud ja kes täidab Ta tahet täielikult. Kuid sellegipoolest oli Korintose koguduseliikmete seas valeõpetajate poolt petetud inimesi, kes mõistsid apostel Pauluse üle kohut.

Selles kohas loetles apostel Paulus raskusi, mida ta oli Isanda tõttu kannatanud ja rääkis oma vaimsetest kogemustest, et juhatada korintlasi Isanda Sõna alusel tegutsevateks Isanda ilusateks mõrsjateks saama. Ta ei kiidelnud sellega oma vaimsetest kogemustest, vaid kaitses ja kinnitas oma apostliametit, et Kristuse kogudust ehitada ja tugevaks teha.

Te peate siin aru saama, et Isanda nägemusi ja ilmutusi antakse vaid neile, kes on Jumala silmes selleks kohased. Samuti ei või te Korintose koguduse sarnaselt, keda valeõpetajad petsid ja kes Pauluse üle kohut mõistsid, kellegi üle kohut mõista, kes töötab, et jumalariik laieneks, kes toob palju inimesi päästmisele ja keda Jumal tunnustab.

Apostel Johannesele näidatud Taeva saladused

Apostel Johannes oli üks kaheteistkümnest jüngrist ja Jeesus armastas teda väga palju. Jeesus ei kutsunud teda üksnes „jüngriks," vaid ka kasvatas teda vaimselt, et ta võiks oma õpetajale lähedal olla ja teda teenida. Ta oli nii äkilise iseloomuga, et teda kutsuti „kõuepojaks," aga kui Jumala vägi teda teistsuguseks muutis, sai temast armastuse apostel. Johannes järgis Jeesust ja otsis taevast au. Ta oli ka ainus jünger, kes kuulis seitset viimast sõna, mida Jeesus ristilt rääkis. Ta oli ustav oma apostlikohustes ja temast sai Taevas tähtis mees.

Rooma Impeeriumi kristluse tugeva tagakiusu tulemusena visati Johannes keeva õli katlasse, kuid ta ei surnud seal ja ta saadeti pagendusse Patmose saarele. Seal suhtles ta Jumalaga sügavuti ja pani kirja Johannese ilmutuse, mis on täis Taeva saladusi.

Johannes kirjutas nii paljudest vaimsetest asjadest nagu

Jumala ja Talle troon Taevas, taevane ülistus, neli elavat olendit Jumala trooni ümber, seitsmeaastane kannatuseaeg ja inglite osa, Talle pulmasöömaaeg ja tuhandeaastane rahuriik, Suur valge trooni kohtumõistmine, põrgu, Uus Jeruusalemm Taevas ja põhjatu sügavik.

Sellepärast ütleb apostel Johannes Johannese ilmutuse 1:1-3, et raamat pandi kirja Isanda ilmutuste ja nägemuste alusel ja ta kirjutas kõik üles, sest kõige kirjapandu täitumise aeg on lähedal.

Jeesuse Kristuse ilmutus, mille Jumal Temale on andnud, et Ta näitaks oma sulastele, mis peatselt peab sündima. Ta näitas seda, läkitades oma ingli oma sulase Johannese juurde, kes on tunnistanud Jumala Sõna ning Jeesuse Kristuse tunnistust, kõike, mida Ta on näinud. Õnnis on see, kes loeb, ning need, kes kuulavad neid ennustuse sõnu ja hoiavad tallel, mis sellesse on kirjutatud, sest aeg on lähedal.

Fraas „aeg on lähedal" vihjab, et Isanda tagasituleku aeg on lähedal. Seega on väga tähtis usu läbi päästetud olles taevasseminekuks vajalikku kvalifikatsiooni omada.

Isegi kui te käite iga nädal koguduses, ei saa te pääseda, kui teil pole usku tegudes. Jeesus ütleb teile: *„Mitte igaüks, kes mulle ütleb: „Isand, Isand!" ei saa taevariiki; saab vaid see, kes teeb mu Isa tahtmist, kes on Taevas"* (Matteuse 7:21). Seega, kui te ei tegutse Jumala Sõna alusel, ei saa te ilmselgelt Taevasse.

Seega, apostel Johannes selgitab Johannese ilmutuse 4. peatükist edasi üksikasjalikult sündmusi ja prohvetlikke ettekuulutusi, mis leiavad aset ja täituvad varsti ja järeldab lõpuks, et Isand tuleb tagasi ja te peate oma rüüd pesema

> *Vaata, ma tulen varsti ning toon igaühele palga, ma tasun igaühele tema tegude järgi. Mina olen A ja O, esimene ja viimane, algus ja ots! Õndsad on need, kes oma rüüd pesevad, et neil oleks meelevald süüa elupuust ning nad võiksid minna väravaist linna sisse!* (Johannese ilmutus 22:12-14)

Vaimselt tähistab rüü inimese südant ja tegusid. Rüü pesemine tähendab pattudest meeleparandust ja püüdu elada Jumala tahte kohaselt.

Niisiis, sel määral, mil te elate Jumala Sõna järgi, läbite te väravad, et siseneda Taeva kõige ilusamasse kohta – Uude Jeruusalemma.

Seega te peaksite aru saama, et mida enam teie usk kasvab, seda parem saab olema teie taevane asukoht.

2. Lõpuajal ilmutatud Taeva saladused

Süvenegem nüüd Matteuse 13. peatükis olevate Jeesuse tähendamissõnade kaudu Taeva ilmutatud saladustesse, mis on lõpuajal täide minemas.

Tema eraldab kurjad õigetest

Matteuse 13:47-50 ütleb Jeesus, et taevariik on nooda sarnane, mis heideti merre ja mis vedas kokku igasuguseid kalu.

Mis see tähendab?

Veel on taevariik nooda sarnane, mis heideti merre ja mis vedas kokku igasuguseid kalu. Kui noot sai täis, veeti see rannale, istuti maha ja koguti head kalad korvidesse, halvad aga visati minema. Nõnda on ka selle ajastu lõpul: inglid tulevad ja eraldavad kurjad õigete keskelt ning viskavad nad tuleahju. Seal on ulgumine ja hammaste kiristamine.

„Meri" tähistab siin maailma ja „kalad" kõiki usklikke ja kalur, kes nooda merre heidab ja kalu püüab, Jumalat. Mida see siis tähendab, et Jumal heidab nooda merre ja tõmbab selle üles kui see on kalu täis ja kogub head kalad korvidesse ja viskab halvad minema? See tähendab, et lõpuajal tulevad inglid ja koguvad õiged Taevasse ja viskavad halvad põrgusse.

Tänapäeval arvavad paljud, et nad lähevad kindlasti taevariiki kui nad võtavad Jeesuse Kristuse vastu. Kuid Jeesus ütleb selgelt: „*Inglid tulevad ja eraldavad kurjad õigete keskelt ning viskavad nad tuleahju*" (Matteuse 13:50). „Õiged" tähistab siin neid, keda kutsutakse „õigeteks," sest nad usuvad südames Jeesust Kristust ja nende usk peegeldub tegudes. Te ei ole „õige" mitte vaid seetõttu, et te tunnete Jumala Sõna, vaid kuna te kuuletute Ta käskudele ja teete Tema tahet (Matteuse 7:21).

Piiblis on käsud, keelud, pidada käskimised ja lahti saada käskimised. Ainult need, kes elavad Jumala Sõna alusel, on „õiged" ja neid peetakse vaimse elava usuga inimesteks. On inimesi, keda peetakse üldiselt õiglasteks, kuid neid ei saa liigitada „õigeteks" inimeste ega Jumala ees. Seega te peaksite saama aru, kuidas inimeste ja Jumala õigsus erineb ja saama Jumala ees õigeks inimeseks.

Näiteks, kui end õigeks pidav inimene varastab, kes peab teda edasi õigeks? Kui need, kes kutsuvad end „jumalalasteks," teevad edasi pattu ja ei ela Jumala Sõna alusel, ei saa neid „õigeks" kutsuda. Niisugused inimesed on kurjad „õigete" seas.

Iga erinev taevaste ihude hiilgus

Kui te võtate Jeesuse Kristuse vastu ja elate vaid Jumala Sõna alusel, särate te nagu päike Taevas. Apostel Paulus kirjutab Taeva saladustest üksikasjalikult 1. Korintlastele 15:40-41.

On taevalikke ihusid ja maapealseid ihusid, kuid taevalike hiilgus on teistsugune kui maapealsete oma, isesugune on päikese kirkus ja isesugune kuu kirkus ja isesugune tähtede kirkus, sest ka täht erineb tähest kirkuse poolest.

Kuna Taevasse saab üksnes usu kaudu, on arusaadav, et taevane au erineb vastavalt inimese usumõõdule. Sellepärast on päikese, kuu ja tähtede kirkus; isegi tähtede seas on erinev ereduse määr.

Vaatame teist Taeva saladust sinepiivakese tähendamissõna kaudu Matteuse 13:31-32.

[Jeesus] kõneles neile veel teise tähendamissõna

„*Taevariik on sinepiivakese sarnane, mille inimene võttis ja külvas oma põllule. See on küll väikseim kõigist seemneist, ent kui taim kasvab, siis on see suurim aias ja saab puuks, nii et taeva linnud tulevad ja pesitsevad selle okstel.*"

Sinepiseeme on sama väike nagu pastapliiatsi otsaga tehtud täpike. Isegi nii väikesest seemnest kasvab suur puu, et taeva linnud tulevad ja pesitsevad selle okstel. Mida Jeesus siis tahab meile õpetada selle sinepiiva tähendamissõnaga? Siit õpib, et Taevasse saab usu läbi ja on olemas eri usumõõdud. Nii et isegi kui teil on nüüd „väike" usk, te võite kasvatada seda „suureks" usuks.

Isegi sinepiivakese suurune usk

Jeesus ütleb Matteuse 17:20: „*Teie nõdra usu pärast. Sest tõesti, ma ütlen teile, kui teil oleks usku sinepiivakese võrra ja te ütleksite sellele mäele: „Siirdu siit sinna!" siis ta siirduks, ja miski ei oleks teile võimatu.*" Jeesus vastas oma jüngrite nõudele „Kasvata meie usku!" „*Kui teil oleks usku nagu sinepiivakene, te võiksite öelda sellele mooruspuule: „Juuri end üles ja istuta merre!" ja see kuulaks teie sõna*" (Luuka 17:5-6).

Mida need salmid siis vaimselt tähendavad? See tähendab, et kui usk, mis on sama suur nagu sinepiivakene, kasvab ja saab suureks usuks, ei ole enam midagi võimatut. Kui inimene võtab Jeesuse Kristuse vastu, antakse talle usk, mis on sama suur kui sinepiivakene. Kui ta külvab selle seemne oma südamesse, see tärkab. Kui tärganud seemne kasvab usuks, mis on sama suur kui suur puu, mille okstele linnud tulevad pesitsema, kogeb inimene Jumala vägevaid tegusid, mida tegi Jeesus, nagu näiteks pimedad hakkavad nägema, kurdid saavad kuuljaks, tummad hakkavad rääkima ja surnud ärkavad taas elavaks.

Kui te arvate, et teil on usk, kuid teil pole ette näidata Jumala väetegusid ja teie peres või töö juures on probleemid, on põhjus selles, et te sinepiivakese suurune usk ei ole veel suure puu suuruseks kasvanud.

Vaimse usu kasvuprotsess

1. Johannese 2:12-14 selgitab apostel Johannes lühidalt vaimse usu kasvu.

"Ma kirjutan teile, lapsed, sest patud on teile andeks antud Tema nime pärast. Ma kirjutan teile, isad, sest teie olete mõistnud Teda, kes on algusest. Ma kirjutan teile, noored, sest te olete ära võitnud kurja Ma olen kirjutanud teile, lapsed, sest teie olete ära tundnud Isa. Ma olen kirjutanud teile, isad, sest teie olete mõistnud Teda, kes on olnud algusest. Ma olen kirjutanud teile, noored, sest te olete tugevad ja Jumala Sõna püsib teis ning te olete ära võitnud kurja."

Te peaksite mõistma, et usu kasv on protsess. Te peate oma usku kasvatama ja saama isade usu, millega te võite tunda Jumalat, kes on olnud olemas enne aegade algust. Te ei tohiks rahulduda usutasemega, mis on lastel, kelle patud on Jeesuse Kristuse tõttu andeks antud.

Samuti, nii nagu Jeesus ütles Matteuse 13:33: *"Taevariik on haputaigna sarnane, mille naine võttis ja segas kolme vaka jahu sekka, kuni kõik läks hapnema."* Seega peaksite te aru saama, et sinepiivakese suuruse usu suureks kasvatamine võib sündida sama kiiresti kui pärm taignale mõju avaldab. Nii nagu öeldakse 1. Korintlastele 12:9, on usk Jumalalt saadud vaimuand.

Taevas, mida osta kõige eest, mis teil on

Taevasse saamiseks on vaja tegelikku pingutust, sest Taevasse pääseb vaid usu läbi ja usu kasv on protsess. Isegi selles maailmas on vaja rikkuse ja kuulsuse saamiseks väga tugevasti pingutada, rääkimata piisava rahakoguse teenimisest, mille eest osta näiteks maja. Te näete nii palju vaeva, et kõiki neid asju osta ja alal hoida, kuid te ei saa mitte ühtegi neist igavesti säilitada. Aga kui palju enam tuleb vaeva näha, et saada Taeva hiilgus ja elukoht, mis jääb igaveseks?

Jeesus ütles Matteuse 13:44: *"Taevariik on põllusse peidetud aarde sarnane, mille inimene leidis ja peitis jälle. Ta läks rõõmuga ja müüs ära kõik, mis tal oli, ning ostis selle põllu."* Ta jätkas Matteuse 13:45-46: *"Veel on taevariik kaupmehe sarnane, kes otsis ilusaid pärleid. Kui ta siis leidis ühe eriti hinnalise pärli, läks ta ja müüs maha kõik, mis tal oli, ning ostis selle."*

Seega, missugused Taeva saladused on peidus tähendamissõnades põllusse peidetud varandusest ja hinnalisest pärlist? Jeesus kasutas tavaliselt tähendamissõnadega rääkides tavaelus lihtsalt leiduvaid esemeid. Vaadakem nüüd tähendamissõna „põllusse peidetud varandusest." Oli üks vaene talumees, kes teenis elatist ja teenis iga päev oma palga. Ühel päeval läks ta naabri palvel tööle. Põllumehele öeldi, et maa oli viljatu, sest see polnud kaua kasutuses, aga naaber tahtis sinna viljapuid istutada, et maa raisku ei läheks. Põllumees on nõus toda tööd tegema. Ühel päeval raadas ta maad ja tundis labidaotsaga midagi väga tahket. Ta jätkas kaevamist ja leidis maa seest väga suure aarde. Aarde leidnud põllumees hakkas mõtlema, kuidas ta aaret omastada. Ta otsustas, et ostab maa, kuhu aare oli peidetud ja kuna põld oli viljatu ja peaaegu raisku läinud, mõtles põllumees, et maa omanik võiks seda suuremate probleemideta müüa tahta.

Põllumees tuli majasse tagasi, kogus kõik oma varanduse ja hakkas oma omandust müüma. Kuid ta ei kahetsenud kõige äramüümist, sest ta oli leidnud aarde, mis oli väärt palju rohkem kui kogu tema olemasolnud vara.

Tähendamissõna põllule peidetud aardest

Mida te peaksite mõistma põllule peidetud aarde tähendamissõna kaudu? Ma loodan, et te mõistate Taeva saladust, kui te vaatlete põllule peidetud aarde vaimse tähenduse nelja külge.

Esiteks, põld tähistab teie südant ja aare Taevast. See viitab, et Taevas on aarde sarnaselt teie südames peidus.

Jumal tegi inimolendid vaimu, hinge ja ihuga. Vaim tehti inimese valitsejaks, et Jumalaga suhelda. Hing tehti vaimu käsu täitmiseks ja ihu tehti vaimu ja hinge elukohaks. Seega inimolend oli elav vaim, nii nagu kirjutatakse 1. Moosese raamatus 2:7.

Aga alates ajast, mil esimene inimene Aadam tegi sõnakuulmatuse pattu, suri tema vaim, inimese valitseja ja hing hakkas valitsejarolli mängima. Siis hakkasid inimesed rohkem patte tegema ja pidid minema surma teed, sest nad ei saanud enam Jumalaga suhelda. Nüüd olid nad vaenlase saatana ja kuradi valitsuse all oleva hinge inimesed.

Sellepärast saatis armastuse Jumal siia maailma oma ainsa poja Jeesuse ja lasi Teda risti lüüa, Ta valas oma vere lepitusohvriks, et lunastada kogu inimkond pattudest. Sellepärast avanes teile päästetee, teist võisid saada püha Jumala lapsed ja te võisite Temaga taas suhelda.

Seetõttu, kes iganes võtab Jeesuse Kristuse oma Päästjaks vastu, saab Püha Vaimu ja tema vaim elavneb. Samamoodi saab ta jumalalapseks olemise õiguse ja ta süda täitub rõõmuga.

See tähendab, et vaim hakkas Jumalaga suhtlema ja hinge ja vaimu taas inimolendi valitsejana juhtima. See tähendab samamoodi, et ta hakkas Jumalat kartma ja Tema Sõna täitma ning inimesele määratud kohustust teoks tegema.

Seega on vaimu elluäratamine sama, mis põllule peidetud aarde leidmine. Taevas on nagu põllule peidetud aare, sest Taevas on nüüd teie südames.

Teiseks, see, et mees leidis põllule peidetud aarde ja rõõmustas, tähendab, et kui keegi võtab Jeesuse Kristuse vastu ja saab Püha Vaimu, elavdub tema surnud vaim ja ta saab aru, et tema südames on Taevas ja rõõmustab.

Jeesus ütles Matteuse 11:12: „Ristija Johannese päevist tänini rünnatakse taevariiki ja ründajad kisuvad selle endale." Apostel Johannes kirjutab samamoodi Johannese ilmutuses 22:14: *„Õndsad on need, kes oma rüüd pesevad, et neil oleks meelevald süüa elupuust ning nad võiksid minna väravaist linna sisse!"*

Siit te võite õppida, et mitte igaüks, kes on Jeesuse Kristuse vastu võtnud, ei lähe samasse elukohta taevariigis. Te pärite ilusama taevase eluaseme vastavalt sellele, mil määral te sarnanete Isandaga ja olete tõene.

Seega, need, kes Jumalat armastavad ja Taevast loodavad, tegutsevad kõiges Jumala Sõna alusel ja sarnanevad Isandale kogu kurjusest vabanemise teel.

Te saate taevariiki sama palju kui te täidate oma südant Taevaga, kus on ainult headus ja tõde. Isegi kui te mõistate selle maa peal, et te südames on Taevas, te rõõmustate.

Te kogete niisugust rõõmu, kui te kohtute Jeesuse Kristusega esmakordselt. Kui keegi pidi minema surma teed, aga sai Jeesuse Kristuse kaudu tõelise elu ja igavese Taeva, kui rõõmsaks see teda teeb! Ta on samuti väga tänulik, sest ta võib uskuda oma südames olevat taevariiki. Sel viisil tähistab põllule peidetud aarde leidnud inimese rõõm Jeesuse Kristuse vastuvõtmisest ja südames olevast jumalariigist tulevat rõõmu.

Kolmandaks, aarde uuesti peitmine pärast selle leidmist tähendab, et inimese surnud vaim elavdus ja ta tahab Jumala tahte alusel elada, kuid ta ei suuda tegelikult oma otsust ellu viia, sest ta ei ole veel saanud väge Jumala Sõna alusel elamise jaoks.

Põllumees ei saanud kohe kui ta aarde leidis seda üles kaevata. Ta pidi esiteks oma vara müüma ja põllu ostma. Samamoodi teate teie Taeva ja põrgu olemasolu kohta ja kuidas Jeesuse Kristuse vastuvõtmise kaudu Taevasse minna, aga ei suuda kohe kui te Jumala Sõna kuulama hakkate, oma tegusid üles näidata.

Kuna te elasite ebaõiglast elu ja trotsisite Jumalat enne Jeesuse Kristuse vastuvõtmist, jääb te südamesse palju ebaõiglust. Aga kui te ei vabane oma südames kõigest väärast, jätkab saatan teie juhatamist pimedusse, et te ei saaks Jumala Sõna alusel elada sel ajal kui te oma usku Jumalasse tunnistate. Nii nagu põllumees ostis kogu oma vara müümise järgselt põllu, võite teie saada oma südames oleva aarde ainult siis, kui te püüate vabaks saada ebaõigest mõtlemisest ja teil on tõene süda, mida Jumal tahab.

Seega peate te järgima tõde, mis on Jumala Sõna, sõltudes Jumalast ja tuliselt palvetades. Ainult siis vabanetakse valest ja saadakse vägi, et Jumala Sõna alusel tegutseda ja elada. Te peaksite meeles pidama, et Taevas on vaid niisuguste inimeste jaoks.

Neljandaks, kogu olemasoleva müük tähendas, et surnud vaimu elavdumiseks ja inimese valitsejaks saamiseks tuleb lammutada kõik hinge kuuluvad ebatõed.

Kui surnud vaim saab elavaks, saate te aru, et Taevas on olemas. Te peaksite iga saatana valitsuse alla kuuluva hinges oleva valemõtte hävitamise ja tegudes usu omamise kaudu Taeva kasutusõiguse saama. See on sama põhimõte, mis tibul, kes peab maailma tulekuks munakoore lõhkuma.

Seetõttu tuleb teil Taeva täielikuks kasutusõiguseks vabaneda igast lihateost ja lihalikust ihast. Veelgi enam, teist peaks saama terve vaimuga inimene, kes on täiesti Isanda jumaliku loomuse sarnane (1. Tessaloonikiastele 5:23). Liha teod on südame kurjuse kehastus, mille tulemuseks on teod. Liha ihad tähistavad kogu südames olevat patuloomust, mille tulemuseks võivad alati teod olla, isegi siis, kui need ihad ei ole veel tegudeks saanud. Näiteks, kui te südames on vihkamine, on tegu liha ihaga ja kui see iha viib tegudele ja te lööte kaasinimest, on tegu liha teoga.

Galaatlastele 5:19-21 väidetakse kindlalt: *„Lihaliku loomuse teod on ilmsed, need on: hoorus, rüvedus, kõlvatus, ebajumalateenistus, nõidus, vaen, riid, kiivus, raevutsemine, isemeelsus, lõhed, lahknemised, kadetsemine, purjutamised, prassimised ja muu sarnane, mille eest ma teid hoiatan, nagu ma varemgi olen hoiatanud, et need, kes midagi niisugust teevad, ei päri Jumala riiki."*

Samuti öeldakse Roomlastele 13:13-14: *„Elagem kombekalt nagu päeva ajal, mitte prassimises ega purjutamises, mitte kiimaluses ega kõlvatuses, mitte riius ega kadeduses, vaid rõivastuge Isanda Jeesuse Kristusega ja ärge tehke ihu eest hoolitsemisest himude rahuldamist!"* ja Roomlastele 8:5 öeldakse: *„Sest need, kes elavad loomuse järgi, mõtlevad lihalikke mõtteid, kes aga Vaimu järgi, need Vaimu mõtteid."*

Seega, kogu olemasoleva müük tähendab kogu hinges oleva Jumala tahte vastase vääruse hävitamist ja Jumala Sõna alusel valede liha tegude ja ihade ja kõige muu, mida te olete Jumalast rohkem armastanud, äraheitmist.

Kui te heidate endast pidevalt niimoodi ära patud ja kurja, elavneb teie vaim üha enam ja te võite elada Jumala Sõna alusel,

Püha Vaimu soovi järgi. Lõpuks saab teist vaiminimene ja te suudate Isanda jumalikku loomust saada (Filiplastele 2:5-8).

Taevast omandatakse südame saavutustega võrdeliselt

See, kes Taeva usu kaudu omandab, on see, kes müüb kogu oma vara kurjast vabanemisega ja oma südames Taeva saavutamisega. Lõpuks, kui Isand tagasi tuleb, muutub Taevas, mis on olnud nagu vari, reaalseks ja see inimene saab igavese Taeva. See, kellel on Taeva kasutusõigus, on rikkaim inimene, isegi kui ta kõik selles maailmas minetas. Aga see, kel Taeva kasutusõigus puudub, on kõige vaesem isik, kellel pole reaalselt midagi, isegi kui tal on kõik siin maailmas. See on nii, kuna Jeesuses Kristuses sisaldub kõik, mida teil vaja ja kõik Temast väljaspoole jääv on väärtusetu, sest pärast surma ootab siis vaid igavene kohus.

Sellepärast loobus Matteus oma elukutsest ja järgis Jeesust. Sellepärast jättis Peetrus oma paadi ja võrgu ja järgis Jeesust. Isegi apostel Paulus pidas pärast Jeesuse Kristuse vastuvõtmist kõike, mis tal oli, pühkmeks. Kõik need apostlid said toda teha, sest nad tahtsid leida aaret, mis oli väärt palju rohkem kui ükskõik mis siin maailmas ja seda üles kaevata.

Samamoodi peate teie näitama üles oma usku tegudega, tõelisele Sõnale kuuletudes ja kõikidest Jumala vastastest valedest loobudes. Te peate oma südamesse saama jumalariigi, müües ära kogu vale nagu jonni, uhkuse ja kõrkuse, mida te siiani oma südames kõrgelt hindasite.

Seega ei peaks te otsima selle maailma asju, vaid müüma kogu olemasoleva, et oma südamesse taevast saada ja igavest taevariiki pärida.

3. Minu Isa kojas on palju eluasemeid

Johannese 14:1-3 võite te näha, et Taevas on palju eluasemeid ja Jeesus Kristus läks teile Taevas aset valmistama.

Teie süda ärgu ehmugu! Uskuge Jumalasse ja uskuge minusse! Minu Isa majas on palju eluasemeid. Kui see nõnda ei oleks, kas ma siis oleksin teile öelnud, et ma lähen teile aset valmistama. Ja kui ma olen läinud ja teile aseme valmistanud, tulen ma jälle tagasi ja võtan teid kaasa enese juurde, et teiegi oleksite seal, kus olen mina.

Isand läks teie taevast aset valmistama

Jeesus rääkis oma jüngritele just enne oma ristilöömiseks kinnivõtmist eesseisvatest asjadest. Ta vaatas oma jüngreid, kes olid mures pärast Juudas Iskarioti reetmisest, Peetruse salgamisest ja Jeesuse surmast kuulmist. Ta rääkis neile lohutuseks taevastest eluasemetest.

Tollepärast Ta ütles: „*Minu Isa majas on palju eluasemeid. Kui see nõnda ei oleks, kas ma siis oleksin teile öelnud, et ma lähen teile aset valmistama.*" Jeesus löödi risti ja tõusis tõesti ellu kolme päeva pärast, purustades surma meelevalla. Siis läks ta neljäkümmend päeva hiljem paljude inimeste nähes üles Taevasse, et teile taevaseid eluasemeid valmistada.

Mis siis tähendab: „Ma lähen teile aset valmistama?" Nii nagu kirjutatakse 1. Johannese 2:2: „*[Jeesus] on lepitusohver meie pattude eest, kuid mitte üksnes meie, vaid ka terve maailma pattude eest,"* see tähendab, et Jeesus purustas inimeste ja Jumala vahelise patumüüri, seega igaüks saab usu kaudu Taevasse.

Ilma Jeesuse Kristuseta ei oleks Jumala ja teie vaheline patumüür ümber kukkunud. Vanas Testamendis, kui inimene tegi pattu, tõi ta oma patu eest lepituseks loomohvri. Aga Jeesus tegi enese üheainsa ohvriga võimalikuks teie pattude andekssaamise ja pühitsemise (Heebrealastele 10:12-14).

Üksnes Jeesuse Kristuse läbi võis Jumala ja teie vaheline patumüür kokku kukkuda ja te võisite saada taevariiki mineku õnnistuse ja nautida ilusat õnnelikku igavest elu.

„Minu Isa majas on palju eluasemeid"

Jeesus ütleb Johannese 14:2: *„Minu Isa majas on palju eluasemeid."* Selles salmis sulab kõiki päästa sooviva Isanda süda. Muide, mis põhjusel ütles Jeesus „minu Isa majas," selle asemel, et öelda „taevariigis?" See on nii, kuna Jumal ei taha „kodanikke," vaid „lapsi," kellega Ta võiks Isana igavesti oma armastust jagada.

Jumal valitseb Taevast, mis on piisavalt suur, et mahutada kõiki usu kaudu pääsenuid. Samuti on see niisugune ilus ja imeväärne koht, mida ei saa selle maailmaga võrrelda. Kirjeldamatu suurusega taevariigi kõige ilusam ja aulisem koht on Uus Jeruusalemm, kus asub Jumala troon. Nii nagu Seoulis, Korea pealinnas, on Sinine maja ja Ühendriikide pealinnas Washington, D.C.-s, on Valge maja, kus elab riigi president, on Uues Jeruusalemmas Jumala troon.

Kus on siis Uus Jeruusalemm? See on Taeva keskel ja see on koht, kus Jumalale meelepärased olnud usuinimesed elavad igavesti. Vastupidiselt, suurem osa Taeva välisosast moodustab

Paradiis. Nii nagu üks röövel Jeesuse ühel pool, kes võttis Jeesuse Kristuse vastu ja sai päästetud, viibivad Paradiisis need, kes võtsid Jeesuse Kristuse vaid vastu ja ei teinud midagi jumalariigi heaks.

Taevast saab vastavalt usumõõdule

Miks valmistas Jumal oma lastele Taevas palju eluasemeid? Jumal on õiglane ja paneb teid külvama seda, mida te lõikate (Galaatlastele 6:7) ja tasub igaühele vastavalt tehtule (Matteuse 16:27; Johannese ilmutus 2:23). Sellepärast valmistas Ta eluasemed vastavalt usumõõdule.

Roomlastele 12:3 täheldatakse: *„Sest selle armu tõttu, mis mulle on antud, ütlen ma igaühele teie seast, et ta ei mõtleks üleolevalt selle kohta, mida tuleb mõtelda, vaid mõtleks nõnda, et saaks arukaks sedamööda, kuidas Jumal igaühele usu mõõdu on jaganud."*

Seega te peaksite aru saama, et igaühe taevane eluase ja au erinevad vastavalt ta usumõõdule.

Teie taevane eluase määratakse sõltuvalt sellest, mil määral te sarnanete Jumala südamele. Igavese Taeva eluase määratakse vastavalt sellele, kui palju te saite Taevast oma südamesse vaiminimesena.

Ütleme näiteks, et laps ja täiskasvanu võistlevad spordivõistlusel või neil on jutuajamine. Laste ja täiskasvanute maailm on nii erinev, et laste jaoks on varsti täiskasvanute seltsis olemine igav. Laste mõtteviis, keel ja teod on nii erinevad täiskasvanute omadest. Oleks tore, kui lapsed saaksid mängida lastega, noored noortega ja täiskasvanud täiskasvanutega.

Vaimselt on samamoodi. Kuna igaühe vaim erineb, on armastuse ja õigsuse Jumal eraldanud Taeva eluasemed usumöödule vastavalt, et Tema lapsed elaksid õnnelikult.

Isand tuleb pärast taevaste eluasemete valmistamist

Johannese 14:3 lubas Isand, et Ta tuleb tagasi ja viib teid taevariiki, pärast seda kui Ta lõpetab taevaste eluasemete valmistamise.

Oletame, et üks inimene sai Jumala armu ja tal oli ustavuse tõttu palju tasusid. Aga kui ta läheb tagasi maailma teele, minetab ta pääsemise ja lõpetab põrgus. Ja tema paljud taevased tasud muutuvad väärtusetuks. Isegi kui ta ei lähe põrgusse, muutuvad tema tasud ikkagi olematuks.

Vahel, kui ta valmistab Jumalale pettumust Teda häbistades, kuigi ta oli kunagi ustav või kui ta läheb eelmisele tasemele tagasi või jääb oma kristliku elu jooksul samale tasemele, kuigi ta oleks pidanud edasi liikuma, tema tasud kahanevad.

Aga Isand mäletab kogu teie tööd ja teie püüdlusi jumalariigi heaks, kui te olite ustav. Samuti, kui te pühitsete oma südame Püha Vaimu ümberlõikamise teel, olete te Isandaga, kui Ta tagasi tuleb ja teid õnnistatakse ning te saate Taevas olla kohas, mis särab nagu päike. Kuna Isand tahab, et kõik jumalalapsed oleksid täiuslikud, ütles Ta: *„Ja kui ma olen läinud ja teile aseme valmistanud, tulen ma jälle tagasi ja võtan teid kaasa enese juurde, et teiegi oleksite seal, kus olen mina."* Jeesus tahab, et te puhastaksite end, nii nagu Isand on puhas ja hoiaksite sellest lootuse sõnast tugevasti kinni.

Kui Jeesus täitis Jumala tahte täielikult ja austas Teda suuresti, austas Jumal Jeesust ja andis Talle uue nime: „Kuningate kuningas, Isandate isand." Samamoodi, nii palju kui teie austate Jumalat selles maailmas, viib Jumal teid au sisse. Sel määral, mil te sarnanete Jumalale ja olete Jumala armastatud, elate te Taevas Jumala troonile lähemal.

Taeva eluasemed ootavad oma valdajaid – Jumala lapsi, nii nagu mõrsjad, kes on valmistatud peigmeeste vastuvõtmiseks. Sellepärast kirjutab apostel Johannes Johannese ilmutuses 21:2: *„Ja ma nägin püha linna, uut Jeruusalemma, taevast Jumala juurest alla tulevat, valmistatud otsekui oma mehele ehitud mõrsja."*

Isegi parimaid selle maailma ilusa mõrsja ettevalmistamise teenuseid ei saa võrrelda taevaste eluasemete mugavuse ja õnnega. Taeva majades on kõik ja majade valdajaid varustatakse kõigega nende mõtete lugemise kaudu, et nad elaksid igavesti kõige õnnelikumalt.

Õpetussõnades 17:3 märgitakse: *„Sulatuspott on hõbeda ja ahi kulla jaoks, aga Isand katsub südamed läbi."* Seega ma palun Isanda Jeesuse Kristuse nimel, et te saaksite aru, et Jumal puhastab inimesi, et teha neid oma tõelisteks lasteks ja pühitseksite end Uue Jeruusalemma lootuses ning edeneksite võimsalt Taeva parima poole, olles ustavad kogu Jumala kojas.

5. peatükk

Kuidas Taevas elatakse?

1. Üldine eluviis Taevas
2. Riietus Taevas
3. Toit Taevas
4. Transport Taevas
5. Meelelahutus Taevas
6. Ülistus, haridus ja kultuur Taevas

*On taevalikke ihusid ja maapealseid ihusid,
kuid taevalike hiilgus on teistsugune
kui maapealsete oma.
Isesugune on päikese kirkus
ja isesugune kuu kirkus
ja isesugune tähtede kirkus,
sest ka täht erineb tähest kirkuse poolest.*
- 1. Korintlastele 15:40-41 -

Taeva õnne ei saa võrrelda isegi kõige paremate ja meeldivamate asjadega selle maa peal. Isegi kui teil on meeldiv olla koos lähedastega rannal ja silmapiir on vaateulatuses, on tegu vaid ajutise õnnega, mis pole tõene. Üheltpoolt on teie mõtetes ikka mured asjade tõttu, millega te peate igapäevasesse ellu naastes tegelema. Kui niisugune elu kordub kuu või paari jooksul või aasta aega, tüdinete te peagi ja hakkate midagi uut otsima.

Kuid elu Taevas, kus kõik on selge ja ilus kui mägikristall, on õnn ise, sest kõik on pidevalt uus, saladuslik, rõõmus ja õnnelik. Teil on meeldiv olla Isa Jumala ja Isandaga ning te võite nautida oma hobisid, lemmikmänge ja kõiki muid huvipakkuvaid asju nii palju kui te soovite. Vaatame, kuidas jumalalapsed elavad kui nad lähevad Taevasse.

1. Üldine eluviis Taevas

Kuna teie füüsiline ihu muutub Taevas vaimseks, mis koosneb vaimust, hingest ja ihust, suudate te ära tunda oma maapealset naist, abielumeest, lapsi ja vanemaid. Te tunnete ära ka oma maapealse karjase või karja. Ja te mäletate ka maa peal unustatut. Te olete väga tark, sest te suudate Jumala tahet eristada ja mõista.

Mõned tunnevad huvi: „Kas kõik mu patud saavad Taevas avalikuks?" See ei ole nii. Kui te olete juba meelt parandanud, ei mäleta Jumal enam teie patte ja need on sama kaugel kui ida on läänest (Laul 103:12), kuid Ta mäletab ainult teie häid tegusid, sest selleks ajaks kui te olete Taevas, on kõik teie patud juba andeks antud.

Kuidas te siis muutute ja elate kui te lähete Taevasse?

Taevane ihu

Maapealsetel inimolenditel ja loomadel on oma kuju, millest tuntakse iga elusolendit, olgu siis tegu elevandi, lõvi, kotka või inimolendiga.

Täpselt nii nagu kolmemõõtmelises maailmas on olemas ihu, millel on oma kuju, on neljamõõtmelises maailmas Taevas ainulaadne ihu. Seda kutsutakse taevaseks ihuks. Taevas te tunnete teisi sellest ära. Missugune näeb siis välja taevane ihu?

Kui Isand tuleb õhus tagasi, muutub igaüks teie seast ja saab ülestõusnud ihu, mis on vaimne ihu. See ülestõusnud ihu muutub pärast Suurt kohtumõistmist taevaseks ihuks, mis on kõrgemal tasemel. Sellest taevasest ihust paistva au valgus erineb tasule vastavalt.

Taevasel ihul on luud ja liha nagu Jeesuse ihul kohe pärast Ta ülestõusmist (Johannese 20:27), aga see on uus ihu, mis koosneb vaimust, hingest ja kadumatust ihust. Meie kaduv ihu muutub uueks Jumala Sõna ja väega.

Taevane ihu, mis koosneb igavestest hävimatutest luudest ja lihast, särab, sest see on värske ja puhas. Isegi kui kellegil puudub käsi või jalg või nad on puudega, taastatakse taevane ihu täieliku ihuna.

Taevane ihu ei ole ähmane nagu vari, vaid sellel on selge kontuur ja aeg ning ruum ei oma selle üle kontrolli. Sellepärast kui Jeesus ilmus oma jüngritele pärast ülestõusmist, sai Ta vabalt läbi seina minna (Johannese 20:26).

Sel maapealsel ihul on vananedes kortsud ja see muutub krobeliseks, kuid taevane ihu on kadumatu ihu näol värske, seega sel säilub alati noorus ja ihu särab nagu päike.

Kolmekümne kolme aasta vanus

Paljud inimesed imestavad, et kas taevane ihu on täiskasvanu või lapse ihu suurune. Taevas on igaüks, hoolimata sellest, kas ta suri noorelt või vanalt, igavesti kolmekümne kolme aastane, Jeesuse vanune ajal kui Ta maa peal risti löödi.

Miks laseb Jumal teid Taevas igavesti kolmekümne kolme aastasena elada? Nii nagu päike paistab lõunaajal kõige eredamalt, on umbes kolmekümne kolme aasta vanuses elu tippaeg.

Need, kes on alla kolmekümnesed, võivad olla veidi vähe kogenud ja ebaküpsed ja need, kes on üle neljakümne aasta vanused, kaotavad vananedes oma energia. Kuid kolmekümne kolme aasta ringis on inimesed igas mõttes täiskasvanud ja ilusad. Samamoodi, suurem osa neist abielluvad, sünnitavad ja kasvatavad lapsi, seega nad mõistavad mingil määral maa peal inimolendeid kasvatava Jumala südant.

Sedamoodi muudab Jumal teid taevaseks ihuks, et te noorus säiluks Taevas igavesti kolmekümne kolme aasta vanuses, mis on inimolendite kõige ilusam vanus.

Bioloogiline sugulus puudub

Kas see poleks naljakas, kui te elaksite Taevas igavesti sellest maailmast lahkumisel olnud füüsilise välimusega. Ütleme, et keegi mees suri neljakümneselt ja läks Taevasse. Tema poeg läks Taevasse viiekümneselt ja tema pojapoeg suri üheksakümneselt ja läks Taevasse. Kui nad kõik kohtuvad Taevas, oleks pojapoeg kõige vanem ja vanaisa kõige noorem.

Seega, Taevas, kus Jumal valitseb oma õigsuse ja armastusega, on igaüks kolmekümne kolme aastane ja selle maailma bioloogilised ehk füüsilised sugulussidemed ei kehti.

Keegi ei kutsu Taevas kedagi enese „isaks," „emaks," „pojaks" ega „tütreks," kuigi nad olid maa peal vanemad ja lapsed. See on niimoodi, kuna kõik on jumalalastena vennad ja õed. Kuna nad teadsid, et nad olid maa peal vanemad ja lapsed ja armastasid üksteist väga, võivad nad üksteise vastu erilisemat armastust tunda.

Aga kuidas on, kui ema läheb Teise Taevariiki ja poeg Uude Jeruusalemma? Maa peal pidi poeg muidugi ema teenima. Aga Taevas kummardab ema poja ees, sest ta sarnaneb Isale Jumalale enam ja tema vaimihust tulev valgus on ema omast palju eredam.

Seega, teisi ei kutsuta maa peal kasutusel olevate nimede ja tiitlitega, aga Isa Jumal annab igaühele uued vastavad nimed, mis on vaimse tähendusega. Isegi maa peal muutis Jumal Aabrami nime Aabrahamiks, Saarai nime Saaraks ja Jaakobi nime Iisraeliks, mis tähendab, et ta võitles Jumalaga ja võitis.

Meeste ja naiste vaheline erinevus Taevas

Taevas ei abielluta, kuid meeste ja naiste vahel on siiski selge erinevus. Esiteks on mehed kuue kuni kuue jala ja kahe tolli pikkused ja naised on umbes neli tolli lühemad.

Mõned inimesed muretsevad nii väga, et nad on kas liiga lühikesed või pikad, aga Taevas ei ole vaja niisuguse asja pärast muret tunda. Samamoodi ei ole vaja kaalu pärast muretseda, sest igaühel on kõige sobivam ja ilusam figuur.

Taevane ihu ei kaalu midagi, isegi kui see näib kaaluvat, seega isegi kui keegi astub lillede peale, need ei sattu surve alla ega lagune koost lahti. Taevast ihu ei saa kaaluda, aga ka tuul ei saa seda ära puhuda, sest see on väga stabiilne. Kaalu omamine isegi siis kui seda tunda ei ole, tähendab, et ihul on kuju ja välimus. See sarnaneb paberilehe tõstmisele, te ei tunne selle raskust, kuid te teate, et see kaalub midagi.

Juuksed on blondid, veidi lokkis. Meeste juuksed on kaelani, aga naistel on eri pikkusega juuksed. Naise puhul tähendavad pikad juuksed, et ta on saanud suuri autasusid ja kõige pikemad juuksed ulatuvad vöökohani. Seega naiste pikad juuksed on äärmiseks auks ja uhkuseks (1. Korintlastele 11:15).

Maa peal loodavad ja püüavad väga paljud naised saada omale valget pehmet nahka. Nad kasutavad kosmeetikatooteid, mis hoiavad nende nahka pingul ja pehme ja kortsudeta. Taeva on igaühel laitmatu nahk, mis on valge, särav ja puhas, särades auvalguses.

Pealegi, kuna Taevas pole kurja, ei ole seal vaja kanda meiki ega muretseda oma välimuse pärast, sest seal paistab kõik ilus. Taevasest ihust tulev auvalgus paistab valgem, selgem ja eredam, vastavalt igaühe täielikule pühitsuse määrale ja Isanda südame sarnasusele. Sellega määratakse ja hoitakse ka korda.

Taevaste inimeste süda

Taevase ihuga inimestel on vaimusüda, mis on jumaliku loomusega ja milles puudub igasugune kurjus. Nii nagu inimesed tahavad maa peal omada ja puudutada seda, mis on hea ja ilus, tahab ka taevase ihuga inimeste süda tunda teiste ilu, vaadata neid ja puudutada neid heameelega. Kuid ei eksisteeri mingisugust ahnust ega kadedust.

Ka inimesed muutuvad vastavalt maapealsele kasule ja nad väsivad asjadest, isegi kui on tegu kenade ja heade asjadega. Taevase ihuga inimeste südames ei ole kavalust ja see ei muutu iialgi.

Näiteks kui maapealsed inimesed on vaesed ja võivad isegi süüa odavat madala kvaliteediga toitu, tundub see neile maitsev. Kui nad saavad veidi rikkamaks, ei ole nad enam rahul sellega, mis varem maitsev tundus ja otsivad paremat toitu. Kui lastele uus mänguasi osta, on nad alguses väga õnnelikud, kuid mitme päeva pärast tundub see neile vastumeelne ja nad tahaksid uut saada. Kuid Taevas ei ole niisugust mõtlemist, seega, kui teile miski korra meeldib, meeldib see teile igavesti.

2. Riietus Taevas

Mõned võivad arvata, et Taevas on samasugune riietus, aga see ei vasta tõele. Jumal on Looja ja Õiglane kohtunik, kes tasub vastavalt tehtule. Seega, nii nagu taevased tasud erinevad, erinevad ka riided, vastavalt maa peal tehtud tegudele (Johannese ilmutus 22:12). Missuguseid riideid te siis kannate ja kuidas te kaunistate neid Taevas?

Eri värvi ja disainiga taevased riided

Taevas kannavad kõik põhilised eredaid, valgeid ja säravaid riideid. Riided on siidpehmed ja nii kerged, otsekui oleksid nad kaaluta ja nad õõtsuvad ilusalt. Kuna igaühe pühitsuse määr on erinev, tuleb riietest eri valgust ja see on eri eredusega. Mida enam inimene on Jumala püha südame sarnane, seda eredamalt ja hiilgavamalt ta riided säravad.

Samuti, sõltuvalt sellest, mil määral te tegite jumalariigi heaks tööd ja austasite Teda, antakse teile vastavalt erinevad paljude eri disainidega ja eri materjalidest riided.

Maa peal kannavad inimesed eri riideid vastavalt nende ühiskondlikule ja majanduslikule seisusele. Sarnaselt, Taevas kantakse kõrgemal positsioonil olles riideid, mis on rohkemate värvide ja eri kujundusega. Erinevad ka soengud ja rõivalisandid.

Sellele lisaks tunti vanasti inimese ühiskondlikku seisundit lihtsalt tema riietuse värvist. Samamoodi võivad taevased inimesed Taevas igaühe seisust ja tasude hulka ära tunda. Teistest erinevate teatud värvi ja kujundusega riiete kandmine tähendab, et see inimene on saanud suurema au osaliseks.

Seetõttu, need, kes läksid Uude Jeruusalemma või andsid endist palju jumalariigi heaks, saavad kõige ilusamad, värvilisemad ja hiilgavamad riided.

Teisalt, kui te ei ole jumalariigi heaks palju teinud, saate te Taevas vaid mõned riided. Teiselt poolt, kui te olete usu ja armastusega palju vaeva näinud, saate te väga palju erivärvi ja eri kujundusega riideid.

Eri kaunistustega taevased rõivad

Jumal annab eri kaunistustega rõivaid, et näidata igaühe au.

Nii nagu vana aja kuninglik pere väljendas oma positsiooni riietele erinevate kaunistuste paneku teel, näitavad erinevate kaunistustega taevased rõivad inimese taevast positsiooni ja au. On olemas tänu, kiituse, palve, rõõmu, au ja muud kaunistused, mida saab õmmelda taevastesse rüüdesse. Kui te kiidate Jumalat selles elus tänumeelega Isa Jumala ja Isanda armastuse ja armu eest või kui te laulate Jumala kiituseks, võtab Ta teie südame vastu ilusa lõhnana ja paneb Taevas teie riietele kiituse kaunistuse.

Rõõmu ja tänu kaunistused pannakse riietele ilusasti inimeste jaoks, kes olid ka maapealsete kurbade sündmuste ja katsumuste ajal südamest tõesti rõõmsad ja tänulikud, pidades meeles Jumala Isa armu, kes andis igavese elu ja taevariigi.

Järgmisena, palvekaunistus pannakse nende riietele, kes on oma eluga jumalariigi eest palvetanud. Aga kõige ilusam kaunistus nende seas on au kaunistus. Seda on kõige raskem pälvida. See antakse vaid neile, kes tegid kogu südamest kõike Jumala auks. Nii nagu kuningas või president tasub väljapaistvaid teeneid osutanud sõjamehele erimedali või aumedalitega, antakse see aukaunistus eriliselt neile, kes on vaeva nähes töötanud ja teinud nii palju jumalariigi heaks ja Talle suurt au toonud. Seega on inimene, kelle riietel on aukaunistus, taevariigis üks kõige suursugusemaid.

Kroonidest ja kalliskividest tasud

Taevas on arvukaid vääriskive. Ja mõned vääriskivid antakse tasuks ja pannakse riietele. Johannese ilmutuses on kirjas, et Isand kannab kuldkrooni ja särpi rinna ümber ja need on ka Tema Jumalalt saadud tasud. Piiblis räägitakse paljudest eritüüpi kroonidest. Kroonide saamise standardid ja kroonide väärtused erinevad, sest neid antakse tasuks.

On olemas palju eri liiki kroone, mida antakse tegude eest nagu näiteks närtsimatu pärg, mille saavad mängudes osalejad (1. Korintlastele 9:25), kirkuse pärg, mille saavad need, kes Jumalat austavad (1. Peetruse 5:4), elupärg, mis antakse neile, kes olid ustavad surmani (Jakoobuse 1:12; Johannese ilmutus 2:10), kuldpärg, mida kannavad 24 Jumala trooni ümber olevat vanemat (Johannese ilmutus 4:4, 14:14) ja õiguse pärg, mida apostel Paulus igatses (2. Timoteosele 4:8).

Samuti on olemas mitmekujulisi kroone, mis on kaunistatud vääriskividega nagu näiteks kullaga kaunistatud kroon, lillepärg, pärlikroon ja nii edasi. Saadud krooni liigist võib ära tunda tema pühadust ja tasusid.

Maa peal võib igaüks, kellel raha, vääriskive osta, aga Taevas võivad teil vääriskivid olla ainult siis, kui te saate need tasuks. Tegurid nagu päästmiscle toodud inimeste arv, tõese südamega antud ohvrianni suurus ja teie ustavuse suurus määravad, missugused eritüüpi tasud te saate. Seega peavad vääriskivid ja kroonid erinema, sest igaüks saab need vastavalt oma tegudele. Samamoodi erineb ka valgus, ilu, hiilgus ja vääriskivide ja kroonide arv.

Samamoodi on Taeva eluasemete ja kodadega. Eluasemed erinevad igaühe usule vastavalt: isiklike kodade suurus, ilu, kulla ja muude vääriskivide eredus on kõik erinevad. 6. peatükist edasi saate te parema ülevaate neist taevaseid eluasemeid puudutavatest asjadest.

3. Toit Taevas

Kui esimesed inimesed Aadam ja Eeva elasid Eedeni aias, sõid nad ainult puuvilju ja seemet kandvaid taimi (1. Moosese raamat 1:29). Aga kui Aadam aeti sõnakuulmatuse tõttu Eedeni aiast välja, hakkasid nad sööma põllutaimi. Pärast suurt uputust lubati inimestel liha süüa. Sel viisil muutus inimese kurjemaks muutumisele vastavalt ka toidu liik.

Mida te siis sööte Taevas, kus ei ole üldse kurja? Mõned võivad mõtelda, et ei tea, kas taevasel ihul on üldse süüa vaja. Taevas saate te juua eluvett ja süüa või rõõmustuseks palju puuviljaliike nuusutada.

Taevase ihu hingamine

Nii nagu meie, inimesed, hingame maa peal, hingavad ka taevased ihud Taevas. Muidugi, taevasel ihul ei ole vaja üldse hingata, aga see võib puhata hingates nii nagu teie siin maa peal hingate. Seega võib see hingata mitte üksnes nina ja suu kaudu, vaid ka silmade või kõigi ihurakkudega või isegi südamega.

Jumal hingab meie südameviirukit, sest Ta on Vaim. Tal oli hea meel õigete inimeste ohvritest ja Ta tundis Vana Testamendi ajal nende südamest tulevat meeldivat lõhna (1. Moosese raamat 8:21). Uues Testamendis loovutas Jeesus, kes on puhas ja plekita, ennast meie eest anniks ja ohvriks, magusaks lõhnaks Jumalale (Efeslastele 5:2).

Seega võtab Jumal vastu teie südame meeldiva lõhna kui te ülistate, palvetate või kiidate tõese südamega. Sama palju kui te sarnanete Isandale ja saate õiglaseks, võite te levitada Kristuse head lõhna ja see saab omakorda Jumalale kalliks ohvriks, mille Ta vastu võtab. Ta võtab teie kiituse ja palved hingates rõõmuga vastu.

Matteuse 26:29 te näete, et Isand on palvetanud teie eest alates ajast kui Ta Taevasse läks, söömata midagi viimase kahe aastatuhande jooksul. Samamoodi võib taevane ihu Taevas isegi söömata või hingamata elada. Teie ise elate igavesti kui te Taevasse lähete, sest te muutute vaimseks ihuks, mis ei hävi iialgi.

Aga kui taevane ihu hingab, võib see tuua suuremat rõõmutunnet ja õnne ja vaim nooreneb ning uueneb. Nii nagu inimesed söövad tervise hoidmiseks tasakaalustatult, on taevasel ihul hea hingata Taeva hõrkusid lõhnu.

Seega kui paljud lille- ja puuviljaliigid levitavad oma lõhna, hingab taevane ihu toda lõhna sisse. Isegi kui lilled eritavad ikka ja jälle ühte ja sama lõhna, annab see alati õnne- ja rahulolutunde.

Sealjuures, kui taevane ihu võtab vastu lillede ja puuviljade ilusat lõhna, imbub see lõhn ihusse nagu lõhnaõli. Ihu eritab lõhna, kuni see kaob täiesti. Kuna te tunnete end hästi kui te maa peal lõhnaõli peale panete, tunneb taevane ihu õnne hea lõhna tundmisest.

Taevas I

Eritamine hingamise kaudu

Kuidas siis inimesed Taevas söövad ja oma elu edasi elavad? Piiblist näeb, et Isand ilmus pärast ülestõusmist oma jüngrite ette ja kas hingas välja (Johannese 20:22) või sõi veidi (Johannese 21:12-15). Ülestõusnud Isand ei söönud veidi toitu mitte nälja tõttu, vaid kuna Ta tahtis oma rõõmu jüngritega jagada ja teile teada anda, et teiegi sööte taevase ihuga Taevas olles. Seetõttu on Piiblisse kirjutatud, et Jeesus Kristus sõi pärast surnuist ülestõusmist veidi leiba ja kala hommikusöögiks.

Miks siis Piiblis öeldakse, et Isand hingas välja isegi pärast surnuist üles tõusmist? Kui te Taevas sööte, lahustub toit kohe ja eraldub hingamisega. Taevas laguneb toit hetkega ja väljub ihust hingamise teel. Seetõttu puudub vajadus jääkainete väljutamiseks või tualettide järele. Kui mugav ja imeline on see, et tarbitud toit eraldub ihust hea lõhnana hingamise kaudu ja lahustub!

4. Transport Taevas

Inimajaloo jooksul on tsivilisatsiooni ja teaduse arengu käigus leiutatud keerukamaid, kiiremaid ja mugavamaid transpordiviise nagu vankrid, vagunid, autod, laevad, rongid, lennukid ja nii edasi.

Taevas on samuti mitut liiki transport. On ühiskondlik transpordisüsteem, nagu näiteks taevane rong ja eratranspordi vahendid nagu pilveautod ja kuldsed vankrid.

Taevas võib taevane ihu liikuda väga kiiresti või isegi lennata, sest see liigub ruumi ja aja väliselt, kuid lõbusam ja meeldivam on kasutada autasuks saadud transporti.

Reisimine ja transport Taevas

Kui õnnelik ja rõõmus te võite olla, kui te saate reisida, nähes kogu Taevast ja näha kõiki Jumala tehtud ilusaid ja imepäraseid asju!

Igas Taeva nurgas on ainulaadne ilu ja seega te võite Taeva iga osa nautida. Ometi, kuna taevase ihu süda on muutumatu, ei ole sama koha korduv külastamine kunagi igav ega väsitav. Seega on Taevas reisimine alati lõbus ja huvitav ettevõtmine.

Taevane ihu ei pruugi tegelikult vajada mingit transporti, kuna see ei väsi kunagi ja suudab isegi lennata. Aga erinevate sõidukite kasutamine annab palju mugavama tunde. Näitlikult nagu maa peal on bussisõit käimisest veidi mugavam ja taksoga või autoga sõit on bussisõidust või metrooga sõitmisest veidi mugavam.

Kui te siis sõidate taevase rongiga, mis on kaunistatud paljude värviliste kalliskividega, võite te sihtkohta jõuda ka isegi raudteeta ja rong võib vabalt liikuda paremale ja vasakule või isegi üles-alla.

Kui Paradiisi inimesed lähevad Uude Jeruusalemma, sõidavad nad rongiga, sest need kaks kohta on teineteisest küllalt kaugel. See on reisijate jaoks väga põnev. Kui nad lendavad läbi eredate valguste, näevad nad akendest Taeva ilusaid maastikke. Isa Jumala nägemise mõte teeb neid veelgi rõõmsamaks.

Taeva transpordi hulgas on kuldne vanker, millega sõidab Uue Jeruusalemma eriline isik, kui ta Taevas ringi liigub. Sellel on valged tiivad ja sisemine nupp. Selle nupu abil liigub kaarik täiesti automaatselt ja võib omaniku soovi kohaselt kas sõita või isegi lennata.

Pilveauto

Taeva pilved on nagu kaunistus, mis lisab taevast ilu. Seega, kui taevane ihu läheb kohtadesse pilvedega ümbritsetult, särab see veel enam, kui pilvedeta liikudes. See võib panna teisi väärikust, au ja meelevalda tundma ja pilvedega ümbritsetud vaimset ihu austama.

Piiblis öeldakse, et Isand tuleb pilvedel (1. Tessalooniklastele 4:16-17) ja see sünnib niimoodi, kuna aupilvedel tulek on palju majesteetlikum, väärikam ja ilusam kui lihtsalt õhus tulek. Samamoodi eksisteerivad taevased pilved selleks, et jumalalastele au lisada.

Kui te olete täitnud Uude Jeruusalemma mineku tingimused, võib teil olla palju imelisem pilveauto. See ei ole pilv, mis koosneb veeaurust nagu maapealsed pilved, vaid on tehtud taevasest aupilvest.

Pilveauto näitab omaniku au, väärikust ja meelevalda. Aga igaüks ei saa omale pilveautot, sest see antakse vaid neile, kes on täitnud Uude Jeruusalemma saamise tingimused täieliku pühitsuse ja kogu Jumala kojas ustav olemisega.

Need, kes lähevad Uude Jeruusalemma, võivad Isandaga selles pilveautos sõites igale poole minna. Sõidu ajal eskordivad ja teenivad neid taevaväed ja inglid. See sarnaneb paljude ministrite poolsele kuninga või printsi teenimisele reisimise ajal. Seetõttu näitab taevaväe ja inglite eskort ja teenindus rohkem omaniku meelevalda ja au.

Pilveautode juhiks on tavaliselt inglid. On üheistmelised erakasutusega autod ja mitme istmega autod, milles mitu inimest saavad koos sõita. Kui Uues Jeruusalemmas olev inimene mängib golfi ja liigub väljakul, tuleb pilveauto ja peatub autoomaniku jalge ees. Kui omanik siseneb autosse, liigub sõiduk väga sujuvalt hetkega palli juurde.

Kujutage ette, et kui te Uues Jeruusalemmas õhus lendate ja sõidate pilveautos taevavägede ja inglite eskordi saatel. Samamoodi kujutage ette, et te sõidate Isandaga pilveautos või te sõidate oma lähedastega hiiglasuures Taevas. Tõenäoliselt olete te rõõmust pakatamas.

5. Meelelahutus Taevas

Mõned ehk arvavad, et taevases ihus ei ole väga lõbus elada, kuid see pole nii. Selle füüsilise maailma lõbustused väsitavad teid või ei suuda teid täielikult rahuldada, aga vaimumaailmas tundub „lõbu" alati uus ja värskendav.

Seega isegi selles maailmas, mida rohkem te saavutate täielikku vaimu, seda sügavamat armastust te tunnete ja õnnelikum te olete. Taevas ei saa te mitte üksnes oma harrastustega, vaid ka paljude muud liiki meelelahutustega tegeleda ja see on kirjeldamatult palju nauditavam kui ükskõik missugused muud maise meelelahutuse liigid.

Harrastuste ja mängudega tegelemine

Nii nagu maapealsed inimesed arendavad oma talente ja

nende elu on harrastustega tegelemise tõttu külluslikum, võite ka teie Taevas oma harrastusi omada ja nendega tegeleda. Te võite tunda vaimustust mitte üksnes sellest, mis teile maa peal meeldis, vaid ka asjadest, mille nautimisest te hoidusite, et teha võimalikult palju Jumala tööd. Te võite ka uusi asju õppida. Muusikariistadest huvitunud võivad Jumalat harfimänguga kiita. Või te võite klaverit, flööti ja paljusid muid muusikariistu mängima õppida ja te võite neid väga kiiresti mängima õppida, sest igaüks saab Taevas palju targemaks.

Te võite ka oma heameele suurendamiseks taevase looduse ja loomadega vestelda. Isegi taimed ja loomad tunnevad jumalalapsed ära, tervitavad neid ja väljendavad nende vastu oma armastust ja austust.

Pealegi, te võite tegeleda paljude spordialadega nagu näiteks tennis, korvpall, keegel, golf ja deltaplaaniga sõit, kuid te ei saa tegeleda mõne spordialaga nagu näiteks maadlus või poks, mis võivad teisi vigastada. Seadmed ja vahendid ei ole üldse ohtlikud. Need on tehtud imelistest materjalidest ja kaunistatud kulla ja vääriskividega, et spordiga tegelemine teeks õnnelikumaks ja oleks meeldivam.

Samamoodi tajuvad spordivahendid inimsüdant ja on meeldivamad. Näiteks kui teile meeldib keeglimäng, muudavad kas pall või keeglikurikad värvi ja asetuvad teie soovitud kohta ja kaugusele. Kurikad kukuvad ilusate valguste ja rõõmustava heli saatel. Kui te tahate oma mängukaaslasele kaotada, liiguvad kurikad teie soovi kohaselt, et teid õnnelikumaks teha.

Taevas ei ole kurja, mis tahaks kedagi teist võita või lüüa. Mängu võit seisneb teistele suurema heameele ja kasu valmistamises. Mõned võivad niisuguse mängu tähendust, kus puudub nii võitja kui kaotaja, küsimuse alla panna, aga Taevas ei tunta heameelt kellegi üle võidu saamisest. Mängu mängimine valmistab rõõmu.

Muidugi on mänge, kus hea ja aus võistlus valmistab rõõmu. Näiteks, on mäng, kus võidetakse vastavalt sellele, kui palju te lillelõhna sisse hingate ja kui hästi te neid lõhnu kõige paremal moel segate ja parimat lõhna eritate ja sarnased mängud.

Eritüüpi meelelahutus

Mõni mänguarmastaja küsib, et kas Taevas on arkaadimäng. Muidugi on seal palju mänge, mis on maapealsetest palju nauditavamad. Taeva mängud ei väsita teid kunagi ega muuda teie silmanägemist halvemaks, erinevalt maapealsetest mängudest. Te ei tüdi nendest kunagi. Selle asemel need annavad teile pärast noorendus- ja rahutunde. Kui te võidate või saate parima skoori, tunnete te kõige suuremat rõõmu ja teie huvi ei rauge kunagi.

Taeva inimesed on taevastes ihudes, seega nad ei karda kunagi lõbustuspargi aktraktsioonidelt nagu näiteks ameerika mägedelt maha kukkuda. Nad tunnevad vaid põnevust ja mõnu. Nii võivad ka need, kes kannatasid maa peal akrofoobia tõttu, tegeleda Taevas nende asjadega niipalju kui nad soovivad.

Isegi ameerika mägedelt kukkudes ei saada taevase ihu tõttu viga. Te maandute väga turvaliselt nagu sõjakunsti meister või inglid kaitsevad teid. Kujutage siis ette end ameerika mägedes sõitmas, kiljudes Isanda ja kõigi oma lähedastega. See teeb teid õnnelikuks ja on meeldiv!

6. Ülistus, haridus ja kultuur Taevas

Taevas ei ole vaja toidu, riietuse ega eluaseme jaoks tööd teha. Seetõttu võivad mõned imestada: „Mida seal siis igavesti tehakse? Kas me ei muutu looderdades abituks?" Aga selle pärast ei ole vaja üldse muret tunda.

Taevas võite te õnnelikult väga paljude asjadega tegeleda. Seal on palju erinevaid huvitavaid ja põnevaid tegevusi ja sündmusi nagu mängud, ülistusteenistused, peod ja festivalid, reisimine ja sport.

Puudub vajadus ja sundus neis tegevustes osaleda. Igaüks teeb kõike vabatahtlikult ja rõõmuga, sest kõik, mida te teete, valmistab teile külluslikku õnne.

Ülista rõõmuga Looja Jumala ees

Nii nagu te maa peal teatud ajal teenistustel osalete ja Jumalat ülistate, ülistate te Jumalat ka teatud ajal Taevas. Muidugi Jumal kuulutab sõnumit ja Tema sõnumite kaudu saate te teada Jumala päritolu ja vaimumaailma kohta, millel ei ole algust ega lõppu.

Üldiselt need, kes on õpingutes edukad, ootavad tunde ja õpetajaga kohtumist. Isegi usuelus ootavad need, kes Jumalat armastavad ja vaimus ja tões ülistavad, erinevaid ülistusteenistusi ja elusõna kuulutava karjase hääle kuulmist.

Kui te lähete Taevasse, valmistab Jumala ülistamine teile rõõmu ja teeb teid õnnelikuks ja te ootate pikisilmi Jumala Sõna kuulamist. Te võite Jumala Sõna kuulata teenistustel, rääkida Jumalaga teatud ajal või kuulata Isanda Sõna. Samuti on palveajad. Kuid seal ei põlvitata ega palvetata suletud silmadega, nii nagu maa peal. See on Jumalaga vestlemise aeg. Taeva palved on vestlused Isa Jumala, Isanda ja Püha Vaimuga. See on õnnelik ja meeldiv aeg!

Te võite Jumalat kiita samamoodi nagu maa peal. Kuid see ei toimu mingis selle maailma keeles, vaid te kiidate Jumalat uute lauludega. Need, kes läksid koos katsumustest läbi või olid maa peal sama koguduse liikmed, kogunevad oma karjasega ülistama ja on osaduses.

Kuidas siis inimesed ülistavad koos Taevas, eriti kuna nende eluasemed on Taevas eri kohtades? Taevas erinevad taevaste kehade valgused igas eluasemes, seega laenatakse vastavad riided, et minna teistesse kõrgema tasandi kohtadesse. Seega tuleb kõigil muudes kohtades elavatel inimestel laenata auvalgusega kaetud Uues Jeruusalemmas peetavatel ülistusteenistustel osalemiseks sobivad riided.

Muide, nii nagu te võite kogu maailmas satelliitide kaudu samaaegselt samal teenistusel osaleda ja seda vaadata, võite te Taevas sedasama teha. Te võite Uues Jeruusalemmas peetaval teenistusel kõigis muudes Taeva paikades olles osaleda, kuid taevane ekraan on nii loomulik, et te tunnete, otsekui oleksite te ise koosolekul kohal.

Samuti te võite kutsuda usuisasid nagu Moosest ja Paulust, et nendega ühiselt ülistada. Kuid teil peab olema vastav vaimne meelevald, et neid suursuguseid isikuid kutsuda.

Uute ja sügavate vaimsete saladuste tundmaõppimine

Jumalalapsed õpivad maa peal kasvades palju vaimseid asju, kuid see, mis nad siin õpivad, on üksnes samm taevasseminekul.

Pärast Taevasse jõudmist hakkavad nad uut maailma tundma õppima.

Näiteks kui Jeesusesse Kristusesse uskujad surevad, siis jäävad nad Paradiisi ääres asuvasse alasse, välja arvatud need, kes lähevad Uude Jeruusalemma ja seal hakkavad nad inglitelt Taeva etiketti ja reegleid õppima.

Nii nagu maapealsed inimesed peavad saama kasvades haritud, et ühiskonnaga kohaneda, tuleb ka teid üksikasjalikult end ülal pidama õpetada.

Mõned võivad imestada, miks nad peavad Taevas ikka veel õppima, kui nad õpivad maa peal juba palju asju. Maa peal õppimine on vaimne õppeprotsess ja tõeline õppimine algab alles pärast Taevasse jõudmist.

Samamoodi ei ole õppimisel lõppu, kuna jumalariik on piirideta ja kestab igavesest ajast igavesti. Hoolimata sellest, kui palju te õpite, ei suuda te õppida täielikult kõike Jumala kohta, kes on aegade algusest alates olemas olnud. Te ei saa kunagi täielikult teada igavesest ajast olnud ja kogu universumit ja kõike selles sisaldavat kontrollinud ja igavesti eksisteeriva Jumala sügavust.

Seega te võite aru saada, et õppimiseks on arvukaid asju, kui piiramatusse vaimumaailma minna ja vaimne õppimine on väga huvitav ja tore, erinevalt mõningatest selle maailma õpingutest.

Veelgi, vaimne õppimine ei ole kunagi kohustuslik ja seal ei ole kontrolltöid. Te ei unusta õpitut kunagi, seega ei ole õppimine kunagi raske ega kurnav. Te ei tüdine Taevas kunagi ega ela jõudeelu. Te õpite lihtsalt imelisi uusi asju ja see teeb teid õnnelikuks.

Peod, pidusöömingud ja etendused

Taevas on ka mitmesuguseid pidusid ja etendusi. Need peod on Taeva rõõmu kõrghetked. Seal tunnete te head meelt ja rõõmu Taeva rikkuse, vabaduse, ilu ja au üürikesest nägemisest.

Nii nagu maapealsed inimesed kaunistavad endid kõige kenamini, kui nad lähevad prestiižikatele pidudele ja söövad, joovad ning naudivad seal parimat, võite teiegi pidutseda inimestega, kes end kõige ilusamalt kaunistavad. Pidudel on palju ilusaid tantse, laule ja õnnelikke naerurõkatusi.

Samamoodi on kohad, mis on nagu Carnegie Hall New York City's või Sydney Ooperimaja Austraalias, kus võib eri etendusi näha. Taevased etendused ei ole enesenäitamiseks, vaid üksnes Jumala austamiseks, Isandale rõõmuks ja heameeleks ja teistega jagamiseks.

Esinejad on peamiselt need, kes austasid Jumalat selle maa peal väga kiituse, tantsu, muusikariistade ja etendustega. Vahel võivad need inimesed esitada samu muusikapalu, mida nad maa peal olles esitasid. Või kui nad tahtsid neid asju maa peal teha, kuid ei saanud seda antud oludes teha, võivad nad Jumalat Taevas uute laulude ja tantsudega kiita.

Samuti on olemas kinod, kus te võite filme näha. Esimeses või Teises Kuningriigis vaadatakse tavaliselt filme avalikes kinodes. Kolmandas Kuningriigis ja Uues Jeruusalemmas on igal elanikul majas oma filmivaatamise aparatuur. Inimesed võivad filme ise vaadata või nad võivad oma lähedased filmi vaatama kutsuda ja filmivaatamise ajal suupisteid süüa.

Piiblis oli apostel Paulus Kolmandas taevas käinud, kuid ta ei võinud selle kohta teistele rääkida (2. Korintlastele 12:4). Väga raske on panna inimesi Taevast mõistma, kuna see ei ole inimestele teadaolev ega hästi mõistetav maailm. Selle asemel on suur võimalus, et inimesed saavad sellest valesti aru.

Taevas kuulub vaimumaailma. Taevas on väga palju asju, mida ei ole võimalik mõista ega ette kujutada, kus on maa peal mitte kunagi kogetava õnne ja rõõmu täius.

Jumal on teinud selle ilusa Taeva teile elamiseks ja Ta õhutab teid, et te vastaksite sinna minekuks vajalikele Piiblisse kirja pandud tingimustele.

Seetõttu ma palun Isanda nimel, et te võtaksite Isanda rõõmuga vastu ja et te võiksite vastata vajalikele tingimustele, et te oleksite Tema tagasitulekul Ta ilusa mõrsjana valmis.

6. peatükk

Paradiis

1. Paradiisi ilu ja õnn
2. Missugused inimesed lähevad Paradiisi?

Ja [Jeesus] ütles talle:
„Tõesti, ma ütlen sulle,
juba täna oled sa koos minuga Paradiisis."

- Luuka 23:43 -

Kõik, kes usuvad, et Jeesus Kristus on nende Päästja ja kelle nimed on kirja pandud eluraamatusse, saavad Taevas igavesti elada. Aga ma olen juba selgitanud, et usu kasvus on staadiumid ja eluasemed, kroonid ja tasud, mida Taevas antakse, sõltuvad igaühe usumõõdust.

Need, kes on rohkem Jumala südamele sarnased, elavad Jumala troonile lähemal ja mida kaugemal Jumala troonist nad viibivad, seda vähem on nad Jumala südamele sarnased.

Paradiis on Jumala troonist kõige kaugem koht, kus on kõige vähem Jumala auvalgust ja see on Taeva kõige madalam tasand. Aga see on ikkagi võrratult ilusam kui maa, isegi Eedeni aiast ilusam.

Missugune koht on siis Paradiis ja millised inimesed sinna lähevad?

1. Paradiisi ilu ja õnn

Paradiisi ääreala kasutatakse Ootekohana kuni Valge trooni Suure kohtupäevani (Johannese ilmutus 20:11-12). Välja arvatud need, kes juba läksid Uude Jeruusalemma pärast seda kui nad saavutasid Jumala südame ja aitavad Jumala töös, ootavad kõik muud aegade algusest päästetud Paradiisi äärealas.

Seega te saate aru, et Paradiis on nii avar, et selle äärealasid kasutatakse Ootekohana väga paljude inimeste jaoks. Kuigi see avar Paradiis on Taeva madalaim tasand, on see siiski kirjeldamatult ilusam ja rõõmsam koht kui Jumalast neetud maapealne koht. Lisaks, kuna see on koht, kuhu lähevad need, keda kasvatati maa peal, on seal palju rohkem õnne ja rõõmu kui Eedeni aias, mis oli esimese inimese Aadama elukoht.

Vaatame nüüd Jumala poolt ilmutatud ja selgeks tehtud Paradiisi ilu ja õnne.

Avarad tasandikud täis ilusaid taimi ja loomi

Paradiis on nagu avar tasandik ja seal on palju hästi korrastatud muruplatse ja ilusaid aedasid. Paljud inglid hoiavad neid korras ja hoolitsevad nende kohtade eest. Linnulaul on nii selge ja puhas ja kajab läbi kogu Paradiisi. Nad näevad välja peaaegu nagu maapealsed linnud, kuid nad on veidi suuremad ja neil on ilusamad suled. Nende rühmalaul on väga armas.

Ka aedades olevad puud ja lilled on väga värsked ja uhke väljanägemisega. Selle maa puud ja lilled närtsivad aja jooksul, aga Paradiisis on puud alati rohelised ja lilled ei närbu kunagi. Kui inimesed lähenevad neile, lilled naeratavad ja vahel eritavad nad oma ainulaadseid ja segunenud lõhnu kaugustesse.

Rohelised puud kannavad palju eri puuviljaliike. Nad on veidi suuremad kui selle maa puuviljad. Puuvilja koored on säravad ja viljad näivad väga isuäratavad. Te ei pea koort ära koorima, kuna tolmu ega usse ei ole. Kui ilus ja õnnelik on pilt, kus inimesed istuvad ilusal tasandikul ja vestlevad ja nende korvid on täis hõrke isuäratavaid puuvilju.

Avaral tasandikul on ka palju loomi. Nende hulgas on lõvid, kes söövad samuti rahulikult rohumaal. Nad on palju suuremad kui maapealsed lõvid, aga nad ei ole üldse agressiivsed. Nad on väga armsad, sest neil on tasane loomus ja säravpuhas lakk.

Eluvee jõgi voolab tasakesi

Eluvee jõgi voolab Taevast läbi, Uuest Jeruusalemmast Paradiisi ja see ei aurustu ega saastu kunagi. Selle jõe vesi, mis lähtub Jumala troonilt ja värskendab kõike, kujutab Jumala südant. See on puhas ilus mõtlemine, mis on plekitu, veatu ja hiilgav ning kus pole mingisugust pimedust. Jumala süda on kõiges täiuslik ja terviklik.

Eluvee jõgi, mis voolab tasakesi, on nagu sätendav merevesi päikesepaistelisel päeval, peegeldades päikesepaistet. See on nii puhas ja läbipaistev, et seda ei saa võrrelda ühegi maapealse veekoguga. Kaugelt vaadates paistab see sinine ja on nagu sügavsinine Vahemeri või Atlandi Ookean.

Eluvee jõe mõlemal pool on teedel pingid. Pinkide ümber on elupuud, mis kannavad iga kuu vilja. Elupuu viljad on maapealsetest viljadest suuremad ja nad lõhnavad ja maitsevad nii isuäratavalt, et neid ei saa küllaldaselt kirjeldada. Suhu pannes sulab vili nagu suhkruvatt.

Paradiisis ei ole isiklikku omandit

Taevas ulatuvad meeste juuksed kaelani, aga naiste juuksed peegeldavad saadud tasusid. Naisterahvaste suurim juuksepikkus võib vööni ulatuda. Aga Paradiisi inimesed ei saa tasu, seega naiste juuksed on meeste omadest vaid veidi pikemad.

Nad kannavad ühes tükis kootud valget rõivastust, kuid puuduvad kaunistused nagu sõled või kroonid või juuksenõelad.

Neid pole, kuna nad ei teinud maa peal elades midagi jumalariigi heaks.

Samamoodi, kuna ükski Paradiisi mineja ei saa tasu, ei ole neil oma maja, kroone, kaunistusi ega neile määratud ingleid, kes neid teeniksid. See on lihtsalt koht, kus viibivad Paradiisis elavad vaimud. Nad elavad seal kohas üksteist teenides.

See sarnaneb Eedeni aiale selle poolest, et igal sealolijal puudub isiklik eluase, aga kahe koha õnnetaseme suurus erineb märkimisväärselt. Paradiisi inimesed võivad Jumalat „Abba, Isaks" kutsuda, sest nad võtsid vastu Jeesuse Kristuse ja Püha Vaimu, seega tunnevad nad õnnetunnet, mida ei saa võrrelda Eedeni aia õnnetundega.

Seega on siia maailma sündimine ja kogu hea ja halva kogemine, Jumala tõeliseks lapseks saamine ja usu omamine suur õnnistus ja väärtuslik.

Paradiis täis rõõmu ja õnne

Isegi elu Paradiisis on täis õnne ja rõõmu Tõe sees, kuna seal ei ole kurja ja igaüks taotleb esiteks teiste heaolu. Mitte keegi ei tee teisele liiga, vaid üksteist teenitakse armastusega. Kui meeldiv on niisugune elu!

Pealegi toob õnne juba see, et ei ole vaja muret tunda eluaseme, riietuse ega toidu pärast ja tõsiasi, et seal pole pisaraid, kurbust, valu ega surma.

„Tema pühib ära iga pisara nende silmist ning surma ei ole enam ega leinamist ega kisendamist,

ning valu ei ole enam, sest endine on möödunud"
(Johannese ilmutus 21:4).

Te näete ka, et nii nagu kõikide inglite hulgas on peainglid, on ka Paradiisi elanike seas hierarhia, nt esindajad ja esindatud. Kuna igaühe usuteod erinevad, määratakse suhteliselt suurema usuga inimesed esindajateks, kes hoolitsevad teatud koha või inimrühma eest.

Nende inimeste kehakatted erinevad Paradiisi tavaliste inimeste omadest ja neil on kõiges eelisseisund. See ei ole ebaõiglane, vaid selle taga seisab Jumala õiglane kohus igaühele tema tegusid mööda anda.

Kuna Taevas puudub kadedus ja armukadedus, ei vihka inimesed kunagi ega solvu, kui teised saavad paremaid asju. Selle asemel on nad õnnelikud ja neil on hea meel näha, et teistele antakse häid asju.

Te peaksite aru saama, et Paradiis on maast kirjeldamatult ilusam ja õnnelikum koht.

2. Missugused inimesed lähevad Paradiisi?

Paradiis on ilus koht, mis on tehtud Jumala armastuse ja halastusega. See on koht nende jaoks, kes ei ole piisavalt kvalifitseeritud, et neid kutsuda Jumala tõelisteks lasteks, aga kes on tundnud Jumalat ja Jeesusesse Kristusesse uskunud ja keda ei saa seetõttu põrgusse saata. Missugused inimesed siis täpsemalt lähevad Paradiisi?

Meeleparandus veidi enne surma

Esiteks on Paradiis koht neile, kes parandasid meelt surma eelõhtul ja võtsid pääsemiseks Jeesuse Kristuse siis vastu, nii nagu kurjategija, kes oli Jeesuse kõrvale ristile löödud. Kui lugeda Luuka 23:39 edasi, võib näha, kuidas Jeesuse mõlemale küljele olid risti löödud kaks kurjategijat. Üks kurjategija teotas Jeesust, kuid teine sõitles esimest, parandas meelt ja võttis Jeesuse Päästjaks. Siis ütles Jeesus teisele, meelt parandanud kurjategijale, et ta sai päästetud. Ta ütles kurjategijale: „Tõesti, ma ütlen sulle, juba täna oled sa koos minuga Paradiisis." See kurjategija võttis just Jeesuse Päästjaks vastu. Ta ei vabanenud oma pattudest ega elanud Jumala Sõna järgi. Kuna ta võttis Isanda veidi enne surma vastu, ei olnud tal aega Jumala Sõna õppida ja selle alusel tegutseda.

Te peaksite aru saama, et Paradiis on neile, kes on Jeesuse Kristuse vastu võtnud, kuid ei ole jumalariigi heaks midagi teinud, nii nagu Luuka 23. peatükis kirjeldatud kurjategija.

Aga kui te mõtlete: „Ma võtan Isanda alles enne surma vastu, siis ma saan minna õnnelikku ja ilusasse Paradiisi, mida ei saa maapealsega võrrelda," mõtlete te valesti. Jumal lasi Jeesuse ühel küljel olnud kurjategijal pääseda, sest Ta teadis, et kurjategijal oli hea süda ja ta oleks Jumalat elu lõpuni edasi armastanud ja ei oleks Teda hüljanud, kui tal oleks rohkem eluaega olnud.

Kuid igaüks ei saa Isandat surma eelõhtul vastu võtta ja usku ei saa hetkega. Seega te peate aru saama, kui harvad on taolised juhtumid, mille läbi Jeesuse kõrval olnud kurjategija pääses veidi enne surma.

Samuti on neil inimestel, kes saavad häbiväärse pääsemise

osaliseks, ka päästetuina veel südames palju kurja, sest nad elasid nii nagu neile meeldis.

Nad on Jumalale igavesti tänulikud lihtsalt selle eest, et nad on Paradiisis ja kogevad igavest elu Taevas vaid seeläbi, et nad võtsid Jeesus Kristuse oma Päästjaks, isegi kui nad ei teinud maa peal mingeid usutegusid.

Paradiis on väga erinev Uuest Jeruusalemmast, kus on Jumala trooni asukoht, kuid üksnes fakt, et nad ei läinud põrgusse ja on päästetud, teeb sealsed inimesed üliväga õnnelikuks ja rõõmsaks.

Vaimse usu kasvupuudus

Teiseks, isegi kui inimesed võtsid Jeesuse Kristuse vastu ja omavad usku, saavad nad häbiväärse päästmise osaliseks ja lähevad Paradiisi, kui nende usk kunagi ei kasvanud. Paradiisi ei pea minema vaid vastpöördunud, vaid ka need, kes uskusid kaua aega, peavad minema Paradiisi, kui nende usk püsib kogu aeg esimesel usutasandil.

Ükskord lubas Jumal mul kuulda kaua aega usus olnud ja nüüd Paradiisi äärel Taeva Ootekohas viibiva uskliku tunnistust.

Ta sündis peres, kus Jumalat ei tuntud üldse ja kummardas ebajumalaid ja hakkas hiljem elama kristlase elu. Aga kuna tal puudus tõeline usk, elas ta ikka patu kammitsais ja kaotas ühest silmast nägemise. Ta sai tõelise usu olemusest aru alles pärast minu tunnistust sisaldava raamatu Enne surma igavese elu maitsemine lugemist, sai selle koguduse liikmeks ja läks hiljem samas koguduses käies ja kristlikku elu elades Taevasse.

Ma võisin kuulata tema tunnistust, mis oli täis rõõmu, kuna ta sai päästetud ja läks pärast oma eluaja jooksul nii paljude murede, valude ja haiguste tõttu kannatamist Paradiisi.

„Ma olen nii vaba ja õnnelik, et võisin pärast lihast vabanemist siia tulla. Ma ei tea, miks ma lihalikest asjadest kinni hoida püüdsin. Need olid kõik ilma tähenduseta. Lihalikest asjadest kinni hoidmine tundub nii tähendusetu ja kasutu sellest ajast saadik kui ma tulin siia pärast oma lihast vabanemist.

Mul oli maapealse elu ajal rõõmu ja tänuaegu, pettumust ja ahastust. Kui ma vaatan siin end, olles mugavalt ja õnnelik, meenuvad mulle ajad, mil ma püüdsin klammerduda tähendusetu elu külge ja püsida selle tähendusetu elu sees. Aga mu hingel ei ole millestki puudust nüüd kui ma olen siin mugavas paigas ja mind rõõmustab väga see tõsiasi, et ma võin olla pääsemise kohas.

Mul on siin paigas väga mugav. Mul on nii mugav, sest ma vabanesin lihast ja mul on hea meel, et ma olen pärast maapealset kurnavat elu sellesse rahukohta jõudnud. Ma ei teadnud tegelikult, et lihast vabanemine tegi mind nii õnnelikuks, aga ma tunnen väga suurt rahu ja rõõmu lihast vabanemise ja siia kohta tuleku üle.

See, et ma ei näinud ega saanud kõndida ega paljusid muid asju teha, oli mulle siis füüsiliseks väljakutseks, aga mul on hea meel ja nüüd kui ma olen igavese elu saanud, olen ma siiatuleku eest tänulik, sest ma tunnen, et ma võin kõige selle tõttu siin selles

suurepärases kohas olla.
Ma ei ole Esimeses ega Teises ega Kolmandas kuningriigis ega Uues Jeruusalemmas. Ma olen vaid Paradiisis, kuid ma olen nii tänulik ja rõõmus, et ma võin olla Paradiisis.

Mu hing on sellega rahul.
Mu hing kiidab selle tõttu.
Mu hing on sellega rahul.
Mu hing kiidab selle tõttu.

Ma olen rõõmus ja tänulik selle eest, et ma lõpetasin elu täis puudust ja armetust ja saan nautida praegust muretut elu."

Katsumuste tõttu usus tagasiminek

Viimaks, on inimesi, kes on olnud ustavad, aga aja jooksul erinevatel põhjustel oma usus leigeks läinud ja vaevu pääsenud.

Üks mees, kes oli mu kogudusevanem, teenis koguduses ustavalt paljudes töödes osaledes. Seega välispidiselt näis ta usk suur, aga ühel päeval ta haigestus äkki tõsiselt. Ta ei saanud isegi rääkida ja ta tuli minu juurde, et ma tema eest palvetaksin. Selle asemel, et palvetada tervenemise eest, palvetasin ma aga tema pääsemise eest. Sel ajal ta hing kannatas väga palju hirmust heitluse tõttu, kus inglid püüdsid teda Taevasse viia ja kurjad vaimud põrgusse viia. Kui tal oleks olnud piisavalt palju usku pääsemiseks, ei oleks kurjad vaimud tema järele tulnud. Nii et ma palvetasin kohe, et kurje vaime eemale ajada ja palusin, et

Jumal võtaks selle mehe vastu. Kohe pärast palvet sai ta lohutust ja valas pisaraid. Ta parandas meelt veidi enne surma ja sai vaevu päästetud. Samamoodi, isegi kui te võtsite Püha Vaimu vastu ja teid määrati diakoni või vanema kohale, oleks häbi Jumala ees patuselt elada. Kui te ei pöördu niisugusest leigest vaimsest elust, hääbub Püha Vaim teis järkjärguliselt ja te ei pääse.

Ma tean su tegusid, et sa ei ole külm ega kuum. Oh oleksid sa ometi külm või kuum! Aga nüüd, et sa oled leige ja mitte külm ega kuum, sülitan ma su välja oma suust (Johannese ilmutus 3:15-16).

Seega, te peate aru saama, et Paradiisi minek on nii häbistav pääsemine ja oma usku entusiastlikumalt ja jõulisemalt kasvatama.

See mees sai kord terveks kui ma ta eest minevikus palvetasin ja isegi tema naine naasis palve peale surmasuust ellu tagasi. Elusõnu kuulates sai tema perest, kus oli palju probleeme, õnnelik pere. Sellest ajast saadik kasvas ta oma püüdlustega Jumala ustavaks töötegijaks ja oli oma kohustustes ustav.

Aga kui koguduse ees seisis katsumus, ei püüdnud ta kogudust kaitsta ega turvata, vaid lasi selle asemel saatanal oma mõtteid kontrollida. Tema suust väljuvad sõnad ehitasid tema ja Jumala vahele suure patumüüri. Lõpuks ei saanud ta enam Jumala kaitse all olla ja teda tabas raske haigus.

Jumala töötegijana ei oleks ta pidanud midagi tõe ja Jumala tahte vastast vaatama ega kuulama, kuid selle asemel tahtis ta neid asju kuulata ja levitas neid. Jumal sai tema pealt vaid oma pale ära pöörata, sest ta pöördus ära Jumala suurest armust, mis tervendas ta tõsisest haigusest. Seega tema tasud lagunesid koost ja tal ei olnud enam palvetamiseks jõudu. Tema usk mandus ja jõudis lõpuks kohta, kus ta ei saanud enam isegi oma pääsemises kindel olla. Õnneks mäletas Jumal, kuidas ta kogudust minevikus teenis. Nii sai see mees häbiväärse pääsemise osaliseks, kuna Jumal andis talle armu varem tehtust meelt parandada.

Täis tänu pääsemise eest

Niisiis, mida ta tunnistas, kui ta päästeti ja Paradiisi saadeti? Kuna ta pääses Taeva ja põrgu ristteelt, kuulsin ma, kuidas ta tõelise rahuga tunnistas.

„Ma olen niimoodi päästetud. Isegi kuigi ma olen Paradiisis, olen ma rahul, sest ma sain vabaks igasugusest hirmust ja raskustest. Minu vaim, mis oleks läinud alla pimedusse, on tulnud selle ilusa õdusa valguse sisse."

Kui suur oli ta rõõm pärast põrguhirmust vabaks saamist! Siiski, olgugi et ta pääses kogudusevanemana häbiväärselt, lasi Jumal mul kuulda tema meeleparanduse palvet, kui ta viibis Ülemises hauas enne Paradiisi Ootekohta minekut. Ta parandas seal oma pattudest samamoodi meelt ja tänas mind tema eest palvetamise eest. Ta andis ka Jumalale tõotuse, et ta palvetab pidevalt koguduse ja minu eest, keda ta oli teeninud, kuni ta kohtub minuga taas Taevas.

Maa peal inimese kasvatamise algusest alates on olnud rohkem Paradiisi minekuks kvalifitseeritud inimesi kui kõigi muudesse Taeva kohtadesse minna võivate inimeste koguhulk.

Need, kes pääsevad vaevu ja lähevad Paradiisi, on nii tänulikud ja õnnelikud, et nad võivad kogeda Paradiisi mugavust ja õnnistust, sest nad ei pidanud minema põrgusse, olgugi et nad ei elanud maa peal õiget kristlase elu.

Kuid Paradiisi õnne ei saa Uue Jeruusalemma omaga isegi võrrelda ja see erineb samuti väga palju järgmise tasandi õnnest Esimeses Taeva Kuningriigis. Seega te peaksite aru saama, et Jumala jaoks ei ole kõige olulisemad teie usus oldud aastad, vaid teie südamehoiak Jumala suhtes ja Jumala tahte järgi tegutsemine.

Tänapäeval annavad paljud inimesed kiusatusele järele ja elavad patuloomuse järgi, samal ajal tunnistades, et nad on Püha Vaimu vastu võtnud. Need inimesed saavad vaevu häbiväärse pääsemise ja lähevad Paradiisi või nad lõpetavad surmaga, mis on põrgu, sest Püha Vaim kaob neist.

Või mõned nimekristlased muutuvad kõrgiks kui nad kuulevad ja õpivad palju Jumala Sõna ja nad mõistavad teiste usklike üle kohut ja mõistavad neid hukka, kuigi nad elavad pika aja jooksul kristlastena. Hoolimata sellest, kui entusiastlikud ja ustavad nad Jumala teenimise suhtes ka ei oleks, on see kasuta, kui nad ei saa aru kurjusest oma südames ja ei vabane oma pattudest.

Seega ma palun Isanda nimel, et teie – Jumala laps, kes te olete Püha Vaimu vastu võtnud, saaksite vabaks oma pattudest ja igasugusest kurjast ja püüaksite tegutseda vaid Jumala Sõna kohaselt.

7. peatükk

Esimene Taevas

1. Selle ilu ja õnn ületavad Paradiisi
2. Missugused inimesed lähevad Esimesse taevasse?

*Ent iga võistleja
on kasin kõiges;
nemad küll selleks, et saada närtsivat pärga,
aga meie, et saada närtsimatut.*
- 1. Korintlastele 9:25 -

Paradiis on koht neile, kes võtsid Jeesuse Kristuse vastu, kuid ei teinud oma usuga midagi. See on maast palju ilusam ja õnnelikum paik. Kuivõrd palju ilusam on siis Esimene taevas, koht nende jaoks, kes püüdsid Jumala Sõna järgi elada?

Esimene taevas on Jumala troonile lähemal kui Paradiis, kuid Taevas on palju teisi paremaid kohti. Aga need, kes läksid Esimesse taevasse, on rahul sellega, mis nad on saanud ja õnnelikud. Seda võib võrrelda kuldkala rahuloluga akvaariumis, kus ta ei soovi enam rohkemat.

Te näete üksikasjalikult, missugune on Esimene taevas, mis on Paradiisist kõrgemal tasemel ja missugused inimesed lähevad sinna.

1. Selle ilu ja õnn ületavad Paradiisi

Kuna Paradiis on koht nende jaoks, kes ei ole oma usuga midagi ette võtnud, ei ole seal isiklikku omandit tasude näol. Taeva Esimesest riigist edasi antakse aga tasuks isiklikku vara nagu majasid ja kroone.

Esimeses taevas elatakse oma majas ja saadakse igavesti kestev kroon. See on iseenesest suur au omada Taevas oma maja, seega igaüks Esimeses taevas tunneb õnne, mida ei saa Paradiisi omaga võrrelda.

Ilusalt kaunistatud eramajad

Esimese taeva eramud ei ole eraldi majad, vaid selle maa korterelamute või korterite sarnased. Aga need ei ole ehitatud tsemendist ega telliskividest, vaid ilusatest taevastest materjalidest nagu kullast ja vääriskividest. Nendes majades ei ole treppe, kuid seal on ilusad liftid. Maa peal on vaja nuppu vajutada, aga Taevas lähevad liftid automaatselt soovitud korrusele.

Nende seas, kes on Taevas viibinud, on inimesi, kes tunnistavad, et nad nägid Taevas kortereid ja see juhtus nii, kuna nad nägid paljude taevaste kohtade hulgas Esimest taevast. Nendes korteritüüpi majades on kõik elamiseks vajalik, seega seal ei ole mingit ebamugavust.

Nende jaoks, kellele meeldib muusika, on muusikariistad, et nad võiksid nendel mängida ja neile, kellele meeldib lugeda, raamatud. Igaühel on oma ruum, kus ta võib puhata ja kus on tõesti hubane.

Sel moel on Esimese taeva keskkond tehtud valdaja eelistuste kohaselt. Seetõttu on tegu Paradiisist palju ilusama ja õnnelikuma kohaga, mis on täis rõõmu ja mugavust, mida maa peal ei saa kunagi kogeda.

Avalikud aiad, järved, basseinid ja sarnane

Kuna Esimese taeva majad ei ole eramajad, on olemas avalikud aiad, järved, ujumisbasseinid ja golfirajad. See sarnaneb maapealsetele inimestele, kes elavad korterites ja jagavad avalikke aedu, tenniseväljakuid või ujumisbasseine.

See avalik vara ei kulu kunagi ega lähe katki, vaid inglid hoiavad alati seda parimas korras. Inglid aitavad inimestel neid rajatisi kasutada, seega ei ole mingit ebamugavust, kuigi on tegu avalike hoonetega.

Paradiisis ei ole teenijaid ingleid, kuid inimesed võivad Esimeses taevas ingellikku abi saada. Seega seal tuntakse väga erinevat tüüpi rõõmu ja õnne. Kuigi seal puuduvad üksikisikule kuuluvad inglid, hoolitsevad seal inglid rajatiste eest.

Näiteks kui te soovite puuvilju kui te oma lähedastega vestlete, istudes Eluvee jõe äärsetel kullast pinkidel, toovad inglid kohe puuvilja ja teenindavad teid viisakalt. Kuna seal on inglid, kes aitavad Jumala lapsi, on sealne õnne- ja rõõmutunne Paradiisi omast väga palju erinevam.

Esimene taevas on Paradiisist ülem

Isegi lillede värvid ja lõhnad ja loomade karvkatte sära ja ilu erinevad Paradiisi omadest. See on niimoodi, kuna Jumal andis kõik igas taevases kohas olevate inimeste usutasemele vastavalt.

Isegi selle maa pealsetel inimestel on erinevad ilustandardid. Lilleeksperdid näiteks otsustavad isegi ühe lille ilu üle paljude erinevate kriteeriumite alusel. Taevas on iga taevase eluaseme lillelõhn erinev. Isegi samas kohas on igal lillel oma ainulaadne lõhn.

Jumal on andnud lilled niimoodi, et Esimese taeva inimesed tunneksid end lillelõhnu tundes kõige paremini. Muidugi Taeva eri kohtades on puuviljadel eri maitse. Jumal on teinud iga puuvilja. Jumal on andnud ka iga puuvilja värvid ja lõhna iga eluaseme tasemele vastavalt.

Kuidas te toitu ette valmistate ja serveerite, kui teid külastab tähtis külaline? Te püüate külalise maitse kohaselt toimida, et see oleks talle ülimaks naudinguks. Sarnaselt on Jumal teinud kõik läbimõeldult, et Ta lapsed oleksid igati rahul.

2. Missugused inimesed lähevad Esimesse taevasse?

Paradiis on taevane koht esimesel usutasandil olijaile, kes pääsesid usu kaudu Jeesusesse Kristusesse, aga ei teinud jumalariigi heaks mitte midagi. Missugused inimesed lähevad siis Paradiisist kõrgemal asetsevasse Esimesse taevasse ja kogevad sealset igavest elu?

Inimesed püüavad Jumala Sõna alusel tegutseda

Esimene taevas on neile, kes võtsid Jeesuse Kristuse vastu ja püüdsid Jumala Sõna alusel elada. Need, kes on Isanda alles vastu võtnud ja käivad pühapäeviti koguduses ja kuulavad Jumala Sõna, kuid kes ei tea, mis patt tegelikult on ja milleks nad palvetama peaksid ja miks nad peaksid oma pattudest vabaks saama. Samamoodi on esimesel usutasandil olijad kogenud esimese armastuse rõõmu, olles sündinud veest ja Pühast Vaimust, aga nad ei saa aru, mis on patt ja ei ole oma patte veel avastanud.

Aga kui te jõuate teisele usutasemele, saate te pattudest ja õigsusest Püha Vaimu abil aru. Siis püüate te Jumala Sõna alusel elada, aga te ei saa seda kohe teha. Te olete nagu väikelaps, kes õpib esimest korda käima: ta käib ja kukub korduvalt.

Esimene taevas on koht inimestele, kes püüavad Jumala Sõna alusel elada ja saavad igavesti kestvad kroonid. Nii nagu sportlased peavad mängureeglite alusel võistlema (2. Timoteosele 2:5-6), peavad jumalalapsed võitlema head usuvõitlust, Tõe kohaselt. Kui eirata vaimumaailma reegleid, mis on Jumala Seadused, on teil surnud usk nagu sportlasel, kes ei võistle reeglitekohaselt. Siis ei peeta teid osalenuks ja te ei saa krooni.

Kuid ikkagi saab igaüks Esimeses taevas krooni, sest nad püüdsid Jumala Sõna järgi elada, isegi kui nende teod ei olnud piisavad. Aga see on siiski häbiväärne pääsemine. See on häbiväärne, sest nad ei elanud täiesti Jumala Sõna alusel, kuigi neil oli usku Esimesse taevasse saamiseks.

Häbiväärne pääsemine kui tööd põlevad ära

Missugune on siis tegelikult „häbiväärne pääsemine"? 1. Korintlastele 3:12-15 näeb, kuidas ehitatud töö kas jääb püsima või põleb ära.

Kas keegi ehitab sellele alusele hoone kullast, hõbedast, kalliskividest, puudest, heintest või õlgedest – kord saab igaühe töö avalikuks. Isanda päev teeb selle teatavaks, sest see ilmub tules, ja tuli katsub läbi igaühe töö, missugune see on. Kui kellegi töö, mis ta on ehitanud, jääb püsima, siis ta saab palga. Kui kellegi töö põleb ära, siis ta saab kahju, aga ta ise päästetakse otsekui läbi tule.

„Alus" räägib siin Jeesusest Kristusest ja tähendab, et mida iganes sellele alusele ehitada, saab töö ilmsiks tulesarnaste katsumuste kaudu. Teisalt, nende töö, kelle usk on nagu kuld, hõbe või vääriskivid, püsib isegi tulistes katsumustes, sest nad tegutsevad Jumala Sõna alusel. Teisest küljest, puust, heinast või õlest usuga inimeste tööd põlevad tulistes katsumustes, sest nad ei suuda Jumala Sõna kohaselt tegutseda.

Seega, et neid usumõõte määrata, kuld on viies (kõige kõrgem), hõbe neljas, vääriskivid kolmas, puu teine ja hein esimene (ja madalaim) usumõõt. Puus ja heinas on elu ja puu moodi usk tähendab, et inimesel on elav usk, kuid see on nõrk. Aga õlg on kuiv ja selles ei ole isegi elu ning see tähistab neid, kellel ei ole mingit usku.

Seega, need, kellel puudub igasugune usk, ei oma pääsemist. Puu ja heina tööd põlevad tulistes katsumustes ja need kuuluvad häbiväärse pääsemise juurde. Jumal tunnustab kulla, hõbeda või vääriskivide usku, aga puust ja heinast usku Ta ei saa tunnustada.

Usk tegudeta on surnud

Mõned võivad mõtelda: „Ma olen olnud kristlane kaua aega, seega ma peaksin olema esimesest usutasandist kaugemale jõudnud ja saan vähemalt Esimesse taevasse minna." Aga kui teil on tõesti usku, elate te tõenäoliselt Jumala Sõna järgi. Samamoodi, kui Seadust rikkuda ja pattudest mitte vabaneda, ei pruugi te minna Esimesesse taevasse ja võib-olla isegi mitte Paradiisi.

Piiblis küsitakse teilt Jakoobuse 2:14: *„Mu vennad, mis on* *sellest kasu, kui keegi ütleb: "Mul on usk!" aga tegusid tal ei ole? Kas see usk suudab teda päästa?"* Kui teil pole tegusid, te ei pääse. Usk tegudeta on surnud. Niisiis, need, kes ei võitle patu vastu, ei saa pääseda, sest nad on nagu inimene, kes sai naela ja hoidis seda higirätikus peidus (Luuka 19:20-26).

„Nael" tähistab siin Püha Vaimu. Jumal annab Püha Vaimu anni neile, kes avavad oma südame ja võtavad Jeesuse Kristuse oma Päästjaks. Püha Vaim võimaldab teil aru saada patust, õigsusest ja kohtust ja aitab teil päästetud saada ja Taevasse minna.

Ühelt poolt, kui te tunnistate oma usku Jumalasse, aga ei lõika oma südant ümber ning ei järgi Püha Vaimu soovi ega tegutse Tõele vastavalt, siis ei pruugi Püha Vaim teie südamesse püsima jääda. Teiselt poolt, kui te vabanete oma pattudest ja tegutsete Püha Vaimu abiga Jumala Sõna alusel, võite te sarnaneda Tõele Enesele – Jeesuse Kristuse südamele.

Seega, Jumala lapsed, kes on Püha Vaimu anni vastu võtnud, peaksid oma südant pühitsema ja kandma Püha Vaimu vilja, et täit pääsemist pälvida.

Füüsiliselt ustav, kuid vaimselt ümberlõikamata

Jumal näitas mulle ükskord ilmutuses ühte koguduseliiget, kes oli surnud ja Esimesse taevasse läinud ja nätas mulle tegudega usu tähtsust. Ta oli kaheksateist aastat koguduse finantsosakonna liige ja ei reetnud oma südant. Ta oli ustav ka muus Jumala töös ja talle omistati vanema nimetus. Ta püüdis paljudes ettevõtmistes vilja kanda ja andis Jumalale au, sageli küsides eneselt: „Kuidas ma saan jumalariiki veel rohkem teoks teha?"

Kuid ta ei olnud nii edukas, sest vahel ta tegi Jumalale häbi, kuna ta ei järginud õiget teed oma lihalike mõtete ja südame tõttu, mis taotles sageli omakasu. Samuti tegi ta autuid märkusi, vihastus kaasinimeste peale ja ei kuuletunud Jumala Sõnale paljus.

Teiste sõnadega, kuna ta oli füüsiliselt ustav, aga ei lõiganud oma südant ümber – mis on kõige olulisem – jäi ta teisele usutasemele. Pealegi, kui tema rahalised ja inimestevahelised probleemid oleksid püsinud, ei oleks ta usust kinni hoidnud, vaid oleks ebaõiglusega kompromissile läinud.

Lõpuks, kuna tema usu mandumise määr oleks võinud tal mitte lasta Paradiisi pääseda, kutsus Jumal ta hinge parimal ajal ära.

Vaimse suhtluse kaudu väljendas ta surma järgselt oma tänu ja parandas paljust meelt. Ta parandas meelt, et ta oli jumalasulaste tundeid haavanud Tõe mitte järgimisega, põhjustanud teiste usust äralangemist, teisi solvanud ja isegi pärast Jumala Sõna kuulmist selle alusel mitte teinud. Ta ütles ka, et ta oli alati tundnud survet, kuna ta ei parandanud oma vigadest põhjalikult meelt maa peal olles, aga nüüd oli ta õnnelik, sest ta võis oma vead üles tunnistada.

Samuti ütles ta, et ta oli tänulik, et ta ei lõpetanud vanemana Paradiisis. Esimeses taevas vanemana olek oli samuti häbiväärne, kuid ta tundis end palju paremini, sest Esimene taevas on Paradiisist palju aulisem.

Seega tuleks aru saada, et kõige olulisem on südame ümberlõikamine ja mitte füüsiline ustavus ja tiitlid.

Jumal juhatab katsumuste kaudu oma lapsed paremasse Taevasse

Nii nagu sportlase võidu jaoks on vaja rasket treeningut ja palju tunde harjutamist, tuleb ka teil seista silmitsi katsumustega, et minna paremasse taevasesse eluasemesse. Jumal lubab oma laste ellu katsumusi, et viia nad Taevas parematesse kohtadesse ja katsumused võib kolmeks järguks jagada.

Esiteks on olemas katsumused pattudest vabanemiseks. Selleks, et saada Jumala tõeliseks lapseks, tuleb võidelda pattude vastu verevalamiseni, et te võiksite pattudest täiesti vabaneda. Aga vahel Jumal karistab oma lapsi, sest nad ei vabane oma pattudest, vaid jätkavad patuelu (Heebrealastele 12:6). Nii nagu vanemad vahel karistavad oma lapsi, et neid õigele teele juhatada, lubab Jumal vahel oma laste täiustamiseks nende ellu katsumusi.

Teiseks, kohase astja valmistamine ja sellele õnnistuste andmine sünnib katsumuste kaudu. Kui Taavet oli noor poiss, päästis ta oma lambad, tappes karu või lõvi, mis ta karjast võttis. Tal oli nii suur usk, et ta tappis vaid Jumalat usaldades lingukiviga isegi Koljati, keda kogu iisraellaste sõjavägi kartis. Ta pidi ikkagi katsumustest läbi minema, nt kuningas Saul ajas teda taga, sest Jumal lubas need katsumused Taavetist suure astja ja suurepärase kuninga tegemiseks.

Kolmandaks, katsumused lõpetavad laiskuse, sest inimesed võivad rahus olles Jumalast eemale jääda. Näiteks on inimesi, kes on jumalariigis ustavad ja saavad selle tulemusel rahalisi õnnistusi. Siis nad lakkavad palvetamast ja nende entusiasm Jumala suhtes jahtub. Kui Jumal jätab nad niisugusesse seisundisse, võivad nad surmaga lõpetada. Seetõttu Ta lubab nende meelte selginemiseks katsumustel tulla.

Te peaksite vabanema oma pattudest, elama õiglaselt ja olema kohased astjad Jumala ees, mõistes usukatsumusi lubava Jumala südant. Ma loodan, et te saate täielikult imepärased õnnistused, mis Jumal on teie jaoks valmistanud.

Mõned võivad öelda: „Ma tahan muutuda, kuid seda ei ole kerge teha isegi siis kui ma püüan." Aga ta ei ütleks niisuguseid asju, kuna muutuda on tõesti raske, vaid pigem seetõttu, et tal puudub sügaval südamepõhjas muutumiseks vajalik ind ja kirglikkus.

Kui te Jumala Sõna tõesti vaimselt mõistate ja püüate oma südamepõhjas muutuda, võite te kiiresti muutuda, sest Jumal annab teile armu ja tugevust selle tegemiseks. Püha Vaim aitab teid muidugi selle juures samamoodi. Kui te teate Jumala Sõna üksnes peast ning see on osa teie teadmistest, mille alusel te ei tegutse, võite te väga tõenäoliselt uhkeks ja üleolevaks minna ja teil on väga raske pääseda.

Seega ma palun Isanda nimel, et te ei kaotaks oma esimese armastuse kirge ja rõõmu ja järgiksite Püha Vaimu soove, et te saaksite Taevas parema koha.

8. peatükk

Teine Taevas

1. Igaüks saab ilusa eramaja
2. Missugused inimesed lähevad Teise taevasse?

*Vanemaid teie seas ma kutsun nüüd üles
kui kaasvanem ja Kristuse kannatuste
tunnistaja
ning ühtlasi osaline tulevases kirkuses
selle ilmumisel:
hoidke teile hoida antud Jumala karja,
mitte sunni pärast,
vaid vabatahtlikult,
Jumala meele järgi,
mitte häbiväärses kasuahnuses, vaid andunult,
mitte nagu isandad liisuosa üle,
vaid olles karjale eeskujuks.
Ning siis kui Ülemkarjane saab avalikuks,
võite te vastu võtta kirkuse närtsimatu pärja.*

- 1. Peetruse 5:1-4 -

Ühest küljest, hoolimata sellest, kui palju Taeva kohta kuulda, ei ole sellest kasu, kui inimene ei saa uskmatuse tõttu sellest oma südames aru. Nii nagu lind haarab ära tee äärde külvatu, haaravad vaenlane saatan ja kurat Taevast rääkiva sõna teilt ära (Matteuse 13:19).

Teisest küljest, kui te kuulete Taeva kohta käivat Sõna ja seda mõistate, võte te elada usu ja lootuse elu ja olla viljakas, kandes külvatuga võrreldes kolmekümne, kuuekümne või sajakordselt vilja. Kuna te tegutsete Jumala Sõna alusel, ei saa te oma kohust üksnes täita, vaid olete ka pühitsetud ja ustavad kogu Jumala kojas. Missugune koht on siis Teine taevas ja missugused inimesed lähevad sinna?

1. Igaüks saab ilusa eramaja

Ma olen juba selgitanud, et need, kes lähevad Paradiisi või Esimesse taevasse, on häbiväärselt päästetud, sest nende tööd ei säilu tulistest katsumustest läbiminekul. Aga neil, kes Teise taevasse lähevad, on niisugune usk, mis läbib tulised katsumused ja nad saavad Jumala ustavusest, kes tasub igaühele külvatu alusel, tasu, mida ei saa võrrelda tasuga, mis antakse neile, kes on Paradiisis või Esimeses taevas.

Seega, kui Esimesse taevasse läinud inimese õnne võrrelda akvaariumis oleva kuldkala õnnega, võib Teise taevasse läinud inimese õnne võrrelda vaalaskala õnnega tohutult suures Vaikses Ookeanis.

Vaatame nüüd Teise taeva iseloomustust ja keskendume selle majadele ja elule.

Igaüks saab ühekorruselise eramaja

Esimese taeva majad on korterisarnased, aga Teise taeva majad on täiesti omaette ühekorruselised eramajad. Teise taeva maju ei saa võrrelda selle maailma ilusate majade, suvilate ega suvekodudega. Need on suurejoonelised, ilusad ja lillede ja puudega moodsalt kaunistatud.

Teise taevasse minnes ei anta teile vaid maja, aga ka teie kõige meelepärasem ese. Kui te soovite basseini, saate te kaunite kuldkaunistuste ja igasuguste vääriskividega kaunistatud basseini. Kui te tahate ilusat järve, antakse teile järv. Kui te tahate ballisaali, saate te ka selle. Kui teile meeldib jalutada, saate te ilusa tee täis imepäraseid lilli ja taimi, mille ümber mängivad paljud loomad.

Aga isegi kui te soovite omada nii ujumisbasseini, järve, ballisaali, teed ja nii edasi, võite te saada ainult ühe asja, mis teile kõige rohkem meeldib. Kuna Taeva Teises riigis on inimeste omand erinev, külastavad nad teiste maju ja naudivad koos nendega oma vara.

Kui inimene, kellel on ballisaal, kuid puudub bassein, soovib ujuda, võib ta minna oma naabri juurde, kellel on ujula ja seda kasutada. Taevas teenivad inimesed üksteist ja ükski külaline ei tüüta neid ning külastajatest ei keelduta. Selle asemel teevad külastajad inimesi rõõmsamaks ja õnnelikumaks. Niisiis, kui te tahate midagi kasutada, peate te oma naabreid külastama ja kasutama nende vara.

Sarnaselt, Teine taevas on Esimesest kõige poolest palju parem. Seda ei saa muidugi Uue Jeruusalemmaga võrrelda. Neil ei ole ingleid, kes teenivad iga Jumala last. Majade suurus, ilu ja hiilgus on väga erinevad ja majasid kaunistavate vääriskivide materjal, värvid ja eredus on samuti väga erinevad.

Uksesilt ilusa suurepärase valgustusega

Teise taeva maja on ühekorruseline ehitis ja sellel on uksesilt. Uksesildil on majaomaniku nimi ja mõnedel erijuhtumitel on seal kirjas ka koguduse nimi, kus majaomanik teenis. See on uksesildile kirja pandud ja sildil säravad eredalt ilusad suurepärased tuled, ühes omaniku nimega, mis on kirjutatud araabia või heebrea keele sarnastes taevastes tähtedes. Seega ütlevad Teise taeva inimesed kadedustundega: „Ohh! See on tema maja, kes teenis selles koguduses!"

Miks pannakse koguduse nimetus spetsiaalselt kirja? Jumal teeb seda, et too nimi tooks uhkust ja au kogudust teeninud liikmetele, kes ehitasid Isandaga Tema teise tulemise ajal õhus kohtumiseks Suure Pühamu.

Aga Teise taeva ja Uue Jeruusalemma majadel ei ole uksesilte. Kumbaski riigis ei ole palju inimesi ja majade ainulaadse valgustuse ja lõhna järgi võib majaomanikku ära tunda.

Kahjutunne täieliku pühitsuse puudumise tõttu

Mõned võivad mõtelda: „Kas Taevas pole ebamugav, kuna Paradiisis ei ole eramajasid ja Taeva Teises riigis võivad inimesed vaid ühte asja omada?" Aga Taevas ei ole midagi ebapiisavat ega ebamugavat. Inimesed ei tunne kunagi end ebamugavalt, sest nad elavad koos. Nad ei ole ihned oma vara teistega jagades. Nad on vaid tänulikud, et võivad oma vara teistega jagada ja peavad seda suure õnne allikaks.

Samuti ei tunne nad kurbust, kuna neil on vaid üks eraomand ning nad ei kadesta teisi asjade pärast, mis neil on. Selle asemel on nad alati sügavalt liigutatud ja tänulikud Isa Jumalale, et Ta on andnud neile palju rohkem kui nad väärivad ja on alati rahul muutumatu rõõmu ja heameelega.

Ainus, mis neid kurvastab, on see, et nad ei püüdnud piisavalt palju ja ei saanud maa peal elades täielikult pühitsetud. Nad tunnevad Jumala ees seistes kurbust ja häbi, sest nad ei vabanenud kogu kurjusest, mis neis oli. Isegi kui nad näevad neid, kes läksid Kolmandasse taevasse või Uude Jeruusalemma, nad ei kadesta neid nende suurejooneliste majade ja auliste tasude eest, vaid tunnevad kurba meelt, et nad ei saanud ise täiesti pühitsetuks.

Kuna Jumal on õiglane, laseb Ta teil lõigata seda, mida te külvasite ja tasub vastavalt tehtule. Seetõttu annab Ta Taevas koha ja tasu kui te maa peal end pühitsete ja ustav olete. Sõltuvalt sellest, mil määral te Tema Sõna järgi elate, tasub Ta teile vastavalt ja heldelt.

Kui te elasite täiesti Jumala Sõna kohaselt, annab Ta teile Taevas 100% kõike, mida te igatsete. Aga kui te Jumala Sõna alusel täielikult ei ela, tasub Ta teile vastavalt tehtule, kuid siiski rikkalikult.

Seega, hoolimata sellest, missugusele Taeva tasemele te lähete, olete te alati Jumalale tänulik selle eest, et Ta andis teile maa peal tehtust palju enamat ja elate igavesti õnnelikult ja rõõmsalt.

Aukroon

Jumal, kes tasub rikkalikult, annab Esimeses taevas olijatele kadumatu krooni. Missuguse krooni saavad Taeva Teises riigis olijad? Isegi kui nad polnud täiesti pühitsetud, andsid nad Jumalale au oma ülesandeid täites. Seega nad saavad aukrooni. Kui lugeda 1. Peetruse 5:1-4, võib sealt näha, et aukroon on tasu, mille saavad need, kes on eeskujuks oma Jumala Sõna kohase ustava eluga.

Vanemaid teie seas ma kutsun nüüd üles kui kaasvanem ja Kristuse kannatuste tunnistaja ning ühtlasi osaline tulevases kirkuses selle ilmumisel: hoidke teile hoida antud Jumala karja, mitte sunni pärast, vaid vabatahtlikult Jumala meele järgi, mitte häbiväärses kasuahnuses, vaid andunult, mitte nagu isandad liisuosa üle, vaid olles karjale eeskujuks. Ning siis kui Ülemkarjane saab avalikuks, võite te võtta vastu kirkuse närtsimatu pärja.

Seal räägitakse „kirkuse närtsimatust pärjast," sest iga taevane pärg on igavene ja ei närtsi cales. Te suudate aru saada, et Taevas on niisugune täielik koht, kus kõik on igavene ja ükski pärg ei närbu.

2. Missugused inimesed lähevad Teise taevasse?

Korea Vabariigi pealinna Seouli ümber asuvad satelliitlinnad ja nende linnade ümber on väikelinnad. Samamoodi on Taevas Uut Jeruusalemma mahutava Kolmanda taeva ümber Teine taevas, Esimene taevas ja Paradiis.

Esimene taevas on koht neile, kes on teisel usutasemel ja kes püüavad Jumala Sõna alusel elada. Missugune inimene läheb Teise taevasse? Kolmanda usutaseme inimesed, kes elavad Jumala Sõna järgi, lähevad Teise taevasse. Nüüd vaatame üksikasjalikult, missugused inimesed lähevad Teise taevasse.

Teine taevas:
koht mittetäielikult pühitsetud inimeste jaoks

Te võite minna Teise taevasse kui te elate Jumala Sõna kohaselt ja täidate oma ülesandeid, aga teie süda ei ole veel täiesti pühitsetud.

Kui te olete kena, intelligentne ja tark, tahate te ilmselgelt, et teie lapsed oleksid teie sarnased. Samamoodi tahab püha ja täiuslik Jumal, et Tema tõelised lapsed oleksid Tema sarnased. Ta tahab lapsi, kes armastavad Teda ja peavad Tema käsuseadusi – kes täidavad käsuseadust armastusest Tema vastu ja mitte kohusetundest. Nii nagu te teete ka väga raskeid asju kui te kedagi tõeliselt armastate, kui te tõesti oma südamest Jumalat armastate, võite te Tema käsuseadusi rõõmsa südamega pidada.

Te kuuletute tingimusteta ja rõõmu ja tänuga, pidades kinni sellest, millest Ta käseb teid kinni pidada ja vabanedes sellest, millest Ta teid vabaneda käsib, mitte tehes seda, mida Ta teha keelab ja tehes seda, mida Ta teid teha käsib. Kuid need, kes on Kolmandal usutasemel, ei suuda Jumala Sõna järgi täie rõõmu ja tänuga südames tegutseda, sest nad ei ole veel sellele armastuse tasemele jõudnud.

Piiblis on toodud liha teod (Galaatlastele 5:19-21) ja liha soovid (Roomlastele 8:5). Kui te tegutsete oma südames olevast kurjusest ajendatult, kutsutakse seda liha teoks. Teie südames olevat patuloomust, mida ei ole veel välispidiselt näha olnud, kutsutakse liha sooviks.

Kolmandal usutasandil olijad on juba vabanenud välispidiselt nähtavatest liha tegudest, kuid nende südames on ikka veel liha soovid. Nad peavad kinni sellest, millest Jumal neil kinni pidada käsib ja vabanevad sellest, millest Jumal neil vabaneda käsib ja ei tee seda, mida Jumal neil teha keelab ja teevad seda, mida Jumal neil teha käsib. Aga nende südames olev kurjus ei ole täiesti eemaldatud.

Sarnaselt, kui te teete oma kohust täielikult pühitsemata südamest, võite te minna Teise taevasse. „Pühitsus" tähistab seisundit, kus te olete vabaks saanud igasugusest kurjast ja teie südames on vaid headus.

Ütleme näiteks, et on keegi, keda te vihkate. Te olete nüüd kuulnud Jumala Sõna, mis ütleb: „Ärge vihake!" ja püüdnud teda mitte vihata. Selle tulemusel te ei vihka teda nüüd. Aga kui te ei armasta teda tõeliselt südames, ei ole te veel pühitsetud..

Seega on kolmandalt usutasemelt neljandale kasvamiseks väga vajalik näha vaeva pattudest verevalamiseni vabakssaamisega.

Inimesed tegid oma kohust Jumala armust

Teine taevas on koht neile, kes ei ole oma südames veel täiesti pühitsetud saanud, aga kes on täitnud Jumalalt saadud ülesanded. Vaatame Teise taevasse minejate all koguduseliiget, kes suri kui ta teenis Manmin Joong-ang (Kesk) kogudust.

Ta tuli oma abikaasaga Manmini Keskkogudusse selle asutamise aastal. Tal oli tõsine haigus, kuid ta sai palve peale terveks ja ta pereliikmetest said usklikud. Nad küpsesid usus ja temast sai vanem diakoniss, tema abikaasa oli kogudusevanem ja nende lapsed kasvasid suureks ja teenivad Isandat jumalasulase, pastori naise ja ülistusjuhist misjonärina.

Kuid tal ei õnnestunud vabaneda igasugusest kurjast ja oma kohust õieti täita, ent ta parandas Jumala armu läbi meelt, täitis oma kohust hästi ja suri ära. Jumal lasi mul teada saada, et ta jääb Teise taevasse ja lasi mul temaga vaimus vestelda.

Kui ta läks Taevasse, tundis ta kõige suuremat kurvastust sellepärast, et ta ei olnud täielikuks pühitsuseks kõikidest oma pattudest vabanenud ja tõsiasjast, et ta ei olnud tegelikult kogu südamest tänanud oma karjast, kes tema tervenemise eest palvetas ja teda armastusega juhatas.

Samuti mõtles ta, võttes arvesse seda, mida ta oma usuga juba saavutanud oli, kuidas ta teenis Isandat ja sõnu, mida ta oma suuga rääkis, et ta oleks võinud minna vaid Esimesse taevasse. Aga kui tal oli veel veidi aega maa peal olla jäänud, kasvas ta usk kiiresti tema karjase armastava palve ja ta tegude läbi, mis olid Jumalale meeltmööda ja ta võis minna Teise taevasse.

Enne surma kasvas ta usk tegelikult väga kiiresti. Ta keskendus palvele ja jaotas oma naabruskonnas tuhandeid koguduse uudistekirju. Ta ei hoolinud enesest, vaid teenis üksnes ustavalt Isandat. Ta rääkis mulle oma majast, kus ta pidi Taevas elama. Ta ütles, et kuigi see oli ühekorruseline elamu, oli see nii ilusalt kaunite lillede ja puudega ehitud ja oli nii suur ja suurejooneline, et seda ei saanud ühegi maapealse majaga võrrelda. Muidugi, võrreldes Kolmanda taeva või Uue Jeruusalemma majadega, oli see maja otsekui õlgkatusega, kuid ta oli nii tänulik ja rahul, sest ta ei väärinud seda. Ta tahtis oma perele edasi anda järgmist sõnumit, et nad võiksid minna Uude Jeruusalemma.

„Taevas on jaotatud nii täpselt. Iga koha au ja valgus on nii erinevad, sellepärast ma õhutan ja julgustan neid taaskord Uude Jeruusalemma minema. Ma tahaksin öelda oma pereliikmetele, kes on veel maa peal, kui häbistav see on, kui me pole Taevas Isa Jumalaga kohtumise ajaks kõigist pattudest vabaks saanud. Tasu, mille Jumal annab Uude Jeruusalemma minejatele ja majade suurejoonelisus on kadestamisväärt, aga ma tahaksin neile öelda, kui kurb ja häbiväärne on Jumala ees olla kogu kurjusest vabanemata. Ma tahaksin oma pereliikmetele selle sõnumi edastada, et nad võiksid vabaks saada kogu kurjast ja minna Uue Jeruusalemma aulistesse asukohtadesse."

Seega ma õhutan, et te saaksite aru, kui hinnaline ja väärtuslik on südame pühitsemine ja pühendaksite oma igapäevaelu jumalariigile ja selle õigusele taevalootusega, et te võiksite liikuda tugevasti edasi, Uue Jeruusalemma poole.

Inimesed, kes on ustavad kõiges, kuid ei kuuletu oma vale õigsussüsteemi tõttu

Vaatame nüüd ühte juhtumit teise koguduseliikmega, kes armastas Isandat ja täitis oma kohust ustavalt, kuid kes ei saanud minna Kolmandasse taevasse oma usu puuduste tõttu

Ta tuli Manmini Keskkogudusse oma abikaasa haiguse tõttu ja temast sai väga aktiivne koguduseliige. Ta abikaasat kanti kogudusse kanderaamiga, aga tema valu lahkus ja ta tõusis püsti ja kõndis. Kujutage ette, kui tänulik ja rõõmus ta pidi olema! Ta oli alati tänulik Jumalale, kes tervendas tema abikaasa haiguse ja teda teenivale pastorile, kes palvetas armastusega. Ta oli alati ustav. Ta palvetas jumalariigi eest ja andis palves oma karjase eest tänu alati kui ta kõndis, istus või seisis või isegi kui ta süüa tegi.

Samamoodi, kuna ta armastas vendi ja õdesid Kristuses, lohutas ta teisi selle asemel, et ise lohutust leida, julgustas kaasusklikke ja hoolitses nende eest. Ta tahtis üksnes Jumala Sõna järgi elada ja püüdis vabaneda kõigist oma pattudest verevalamiseni. Ta ei kadestanud kunagi ega igatsenud maailma vara, vaid keskendus üksnes oma ligimestele evangeeliumi kuulutamisele.

Kuna ta oli jumalariigile nii ustav, õhutas Püha Vaim mu südant tema lojaalsust nähes ja ma palusin tal oma koguduse teenistusel ülesannet täita. Mul oli usk, et kui ta oleks oma kohustust ustavalt täitnud, oleksid kõik tema pereliikmed, kaasa arvatud tema abikaasa, saanud vaimse usu.

Aga ta ei saanud kuuletuda, sest ta vaatas oma olude peale

ja ta lihalikud mõtted said tema üle võimust. Veidi hiljem ta suri. Ma olin murest murtud ja kui ma palvetasin Jumala poole, kuulsin ma vaimse suhtluse teel tema tunnistust.

„Isegi kui ma parandan meelt ja parandan meelt karjasele mitte kuuletumise tõttu, ei saa aega tagasi pöörata. Seega ma palun üha enam vaid jumalariigi ja karjase eest. Ma pean oma vendadele ja õdedele ütlema üht, et see, mida karjane kuulutab, on Jumala tahe. Jumala tahtele mitte kuuletumine on suurim patt ja sellega koos on viha kõige suurem patt. Sellepärast seisavad inimesed raskustega silmitsi ja mind kiideti, et ma ei vihastanud, vaid alandasin oma südant ja püüdsin kogu südamest kuuletuda. Ma olen saanud inimeseks, kes puhub Isanda pasunat. Sel päeval, mil ma kallid vennad ja õed vastu võtan, saabub peagi. Ma loodan lihtsalt tõsiselt, et mu kallid vennad ja õed mõtlevad selgelt ja neil ei ole mitte millestki puudust, et nemadki ootaksid seda päeva."

Ta tunnistas sellest palju rohkem ja rääkis mulle, et ta ei saanud oma sõnakuulmatuse tõttu Kolmandasse taevasse minna.

„Ma olin mõnes asjas sõnakuulmatu, kuni ma tulin siia riiki. Ma ütlesin vahel: „Ei, ei, ei," kui ma sõnumeid kuulasin. Ma ei täitnud oma ülesannet korralikult. Kuna ma arvasin, et ma tegelen oma kohusega olude paremaks muutumisel, kasutasin ma lihalikku mõtlemist. See oli suur viga Jumala silmis."

Ta ütles ka, et ta kadestas jumalasulaseid ja neid, kes koguduse rahaasjade eest hoolt kandsid, mil iganes ta neid nägi ja mõtles, et nende taevane tasu saab olema väga suur. Aga ta tunnistas, et kui ta Taevasse läks, ei olnud see tegelikult sageli niimoodi.

„Ei, ei, ei! Vaid need, kes teevad Jumala tahet, saavad suure tasu ja õnnistused. Kui juhid eksivad, on see tavalise koguduseliikme eksitusest palju suurem patt. Nad peavad rohkem palvetama. Juhid peavad olema ustavamad. Nad peavad paremini õpetama. Neil peab olema eristusvõime. Sellepärast on ühes neljast evangeeliumis kirjutatud pimedast mehest, kes juhatab teist pimedat. Sõna „Ärgu paljud teie seast saagu õpetajateks" tähendab seda, et kui keegi püüab oma seisukorras parimat anda, on ta õnnistatud. Nüüd, päev, mil me kohtume Jumala lastena igaveses kuningriigis, saabub peatselt. Seetõttu peaksid kõik vabanema kõikidest liha tegudest, saama õiglaseks ja neil peaksid olema Isanda mõrsjale kohased omadused, et nad ei peaks Jumala ees seistes häbi tundma."

Tollepärast peaksite te aru saama, kui tähtis on kuuletuda mitte kohusetundest, vaid südamepõhjas oleva rõõmu ja Jumala armastuse tõttu ja oma südant pühitseda. Lisaks, te ei peaks olema pelgalt koguduses käija, vaid te peaks end jälgima, et te näeksite, missugusesse taevasesse riiki te võite minna, kui Isa teie hinge nüüd ära kutsuks.

Te peaksite püüdma kõikides oma ülesannetes ustav olla ja Jumala Sõna alusel elada, et te saaksite täie pühitsuse ja et teil oleksid kõik Uude Jeruusalemma minekuks vajalikud omadused.

1. Korintlastele 15:41 räägitakse, et igaüks saab erineva taevase tasu. Seal öeldakse: *„Isesugune on päikese kirkus ja isesugune kuu kirkus ja isesugune tähtede kirkus, sest ka täht erineb tähest kirkuse poolest."*

Kõigil päästetuil on igavene elu Taevas. Kuid mõned jäävad Paradiisi, sellal kui teised on Uues Jeruusalemmas, kõik saavad vastavalt oma usumõõdule. Au erineb kirjeldamatult palju.

Seega ma palun Isanda nimel, et te ei jääks usku vaid selleks, et pääseda, vaid elaksite täiesti Jumala Sõna alusel nagu põllumees, kes müüs põlluostuks kogu oma vara ja kaevas aarde üles ja vabaneksite igasugusest kurjast, et te saaksite minna Uude Jeruusalemma ja jääda ausse, mis särab seal nagu päike.

9. peatükk

Kolmas Taevas

1. Inglid teenivad iga jumalalast
2. Missugused inimesed lähevad Kolmandasse taevasse?

*Õnnis on mees, kes peab vastu kiusatuses,
sest kui ta on läbi katsutud,
siis ta saab pärjaks elu,
mille Isand on tõotanud neile,
kes Teda armastavad.*

- Jakoobuse 1:12 -

Jumal on Vaim ja Ta on headus, valgus ja elu ise. Sellepärast tahab Ta, et Ta lapsed saaksid kõikidest pattudest ja igasugusest kurjast vabaks. Jeesus, kes tuli maailma inimihus, on veatu, sest Ta on Jumal Ise. Missuguseks inimeseks peaksite siis teie saama, et teist võiks saada Isandat vastuvõttev mõrsja? Selleks, et saada Jumala tõeliseks lapseks ja Isanda mõrsjaks, kes jagab Jumala tõelist armastust igavesti, peate te sarnanema Jumala pühale südamele ja end igasugusest kurjast vabanemisega pühitsema.

Kolmas taevas, mis on koht niisugustele Jumala lastele, kes on pühad ja Jumala südame sarnased, on Taeva Teisest riigist palju erinevam. Kuna Jumal vihkab kurja ja armastab headust nii palju, kohtleb Ta oma pühitsetud lapsi väga eriliselt. Missugune koht on siis Kolmas taevas ja kui palju on vaja Jumalat armastada, et sinna saada?

1. Inglid teenivad iga jumalalast

Kolmanda taeva majad on kirjeldamatult suurejoonelisemad ja hiilgavamad Teise taeva ühekorruselistest majadest. Need on kaunistatud nii paljude eriliiki vääriskividega ja seal on kõik võimalused, mida omanikud majas näha sooviksid.

Veelgi, Kolmandast riigist alates antakse igaühte teenivad inglid ja nad armastavad ja austavad oma peremeest ja teenivad teda vaid parimaga.

Inglid teenivad eraviisiliselt

Heebrealastele 1:14 öeldakse: „*Eks nad kõik ole vaid teenijad vaimud, läkitatud abistama neid, kes ükskord pärivad pääste?*" Inglid on pelgalt vaimolendid. Nad on kujult inimolendite sarnased, kuna nad on Jumala loomingu osa, aga neil pole liha ega luid ja nad ei abiellu ega sure. Neil ei ole inimolendite sarnast isiksust, aga nende teadmised ja vägi on inimolendite omast palju suuremad (2. Peetruse 2:11).

Kuna Heebrealastele 12:22 räägitakse kümnetest tuhandetest inglitest, on Taevas arvukalt palju ingleid. Jumal on teinud inglite korra ja liigituse ja neile erinevad ülesanded määranud ning ülesandele vastava erineva meelevalla neile andnud.

Seega inglite eristuses on ingel, taevane vägi ja peaingel. Näiteks, Gaabriel, kes on tsiviilametniku ametis, toob teile palvevastused või tuleb teie juurde Jumala plaanide ja ilmutuste asjus (Taaniel 9:21-23; Luuka 1:19, 1:26-27). Peaingel Miikael, kes on nagu sõjaväe ohvitser, on taevase sõjaväe minister. Ta juhatab lahinguid kurjade vaimude vastu ja vahel murrab ta ka ise pimeduse lahingujoonest läbi (Taanieli 10:13-14, 10:21; Juuda 1:9; Johannese ilmutus 12:7-8).

Nende inglite seas on inglid, kes teenivad oma isandaid eraviisiliselt. Paradiisis, Esimeses või teises taevas on inglid, kes aitavad vahel jumalalapsi, aga seal ei ole ühtegi inglit, kes teeniks oma peremeest eraviisiliselt. Seal on vaid inglid, kes kannavad hoolt muru või lillepeenarde vaheliste teede või ühiskondlike hoonete eest, et tagada igasuguse ebamugavuse puudumine ja seal on inglid, kes edastavad Jumala sõnumeid.

Aga neile, kes on Kolmandas taevas või Uues Jeruusalemmas,

antakse tasuks eraviisilised inglid, sest nad on Jumalat armastanud ja Talle väga meeltmööda olnud. Samamoodi erineb antud inglite arv vastavalt Jumalale sarnanemise ja Teda sõnakuulelikkusega rõõmustamise määrale.

Kui kellelgi antakse arvukalt ingleid, tähendab see, et omanik sarnaneb Jumala südamele ja on juhatanud palju inimesi päästmisele. Seal on inglid, kes maja eest hoolitsevad, mõned inglid, kes rajatiste ja tasuks saadud asjade eest hoolitsevad ja teised inglid, kes peremeest eraviisiliselt teenivad. Seal on lihtsalt nii palju ingleid.

Kui Kolmandasse taevasse minna, ei ole teil seal vaid eraviisiliselt teenivad inglid, vaid samuti ka inglid, kes teie maja eest hoolitsevad ja teised, kes külalisi sisse juhatavad ja aitavad. Te olete Jumalale nii tänulik, et te võite Kolmandasse taevasse minna, sest Jumal laseb teid igavesti valitseda, samal ajal kui Temalt igaveseks tasuks saadud inglid teenivad teid.

Suurejooneline mitmekorruseline eramaja

Kolmanda taeva majades, mis on ilusate imelise lõhnaga lillede ja puudega kaunistatud, on aiad ja järved. Järvedes on palju kalu ja inimesed võivad nendega vestelda ja armastust jagada. Samuti mängivad inglid ilusat muusikat või inimesed võivad koos inglitega Isa Jumalat kiita.

Erinevalt Teise taeva elanikest, kellel on lubatud omada vaid ühte lemmikeset või rajatist, võivad Kolmanda taeva inimesed omada kõike, mida nad soovivad, nagu näiteks golfirada, ujumisbasseini, järve, jalutusrada, tantsusaali ja nii edasi. Seega nad ei pea minema naabrite majja, et kasutada midagi, mida neil

pole ja nad võivad mõnusalt aega veeta, mil iganes nad soovivad.
Kolmanda taeva majad on mitmekorruselised hooned ja need on suurejoonelised, muljet avaldavad ja suured. Need on nii ilusasti kaunistatud, et ükski selle maailma miljardär ei suudaks neid jäljendada.

Muide, ühelgi Kolmanda taeva majal pole uksesilti. Inimesed teavad, kelle majaga on tegemist, isegi uksesildita, sest majast voogab ainulaadne hea lõhn, mis väljendab peremehe puhast ilusat südant.

Kolmanda taeva majadel on eri lõhn ja erineva eredusega valgustus. Mida enam peremees sarnaneb Jumala südamele, seda ilusama lõhna ja kiiskavama valgusega on tegemist.

Samuti antakse Kolmandas taevas lemmikloomi ja -linde ja need on palju ilusamad, silmapaistvamad ja armsamad kui Esimese või Kolmanda taeva omad. Veelgi, pilveautod antakse avalikuks kasutuseks ja inimesed võivad reisida nii palju kui nad soovivad kõikjale piiritus Taevas.

Nii nagu selgitatud, võivad Kolmanda taeva inimesed omada ja teha kõike, mida nad soovivad. Elu Kolmandas taevas on kirjeldamatu.

Elupärg

Johannese ilmutuses 2:10 tõotatakse „elupärga," mille saavad need, kes on olnud jumalariigi tõttu surmani ustavad.

Ära karda seda, mida sul tuleb kannatada! Ennäe, kurat heidab mõned teie seast vangi, et teid läbi katsutaks, ning teil on viletsust kümme päeva. Ole ustav surmani, ja ma annan sulle elupärja!

Fraas „surmani ustav olema" ei tähenda siin ainult surmani ustavust märtriusu läbi, vaid samuti ka maailmaga mitte kompromissile minekut ja täielikult pühaks saamist, vabanedes kõikidest pattudest, seistes neile vastu verevalamiseni. Jumal tasub kõigile Kolmandasse taevasse tulijatele elupärgadega, sest nad on olnud ustavad surmani ja on võitnud igasugused katsumused ja raskused (Jakoobuse 1:12).

Kui Kolmanda taeva inimesed külastavad Uut Jeruusalemma, panevad nad elupärja paremäärele ümmarguse märgi. Kui Paradiisi, Esimese või teise taeva inimesed külastavad Uut Jeruusalemma, panevad nad rinna vasakule poole märgi. Te võite näha, et Kolmanda taeva inimeste au erineb niimoodi.

Kuid Uue Jeruusalemma inimesed on Jumala erilised hoolealused, seega nad ei vaja eristusmärki. Neid koheldakse väga erakordselt Jumala tõeliste lastena.

Uue Jeruusalemma majad

Kolmanda taeva majad on üsna erinevad Uue Jeruusalemma majadest suuruse, ilu ja au poolest.

Esiteks, kui öelda, et Uue Jeruusalemma kõige väiksema maja suurus on 100, on Kolmanda taeva maja suurus 60. Näiteks kui Uue Jeruusalemma kõige väiksem maja on 100 000 ruutjalga, siis Kolmanda taeva maja oli 60 000 ruutjalga.

Kuid eramajade suurus erineb, sest see sõltub täielikult sellest, kui palju peremees töötas, et võimalikult paljud hinged pääseksid ja selleks, et Jumala kogudust ehitada. Nii nagu Jeesus ütles Matteuse 5:5: „*Õndsad on tasased, sest nemad pärivad maa,*" elumaja suurus määratakse vastavalt hingede arvule, keda majaomanik juhatab Taevasse tasase südamega.

Seega on Kolmandas taevas ja Uues Jeruusalemmas palju üle kümne tuhande ruutjala suuruseid maju, aga isegi kõige suurem maja kolmandas taevas on palju väiksem Uue Jeruusalemma omadest. Lisaks suurusele erinevad ka kuju, ilu ja kaunistuseks kasutatud vääriskivid tohutult palju.

Uues Jeruusalemmas ei ole vaid kaksteist vääriskivi aluseks, vaid ka palju teisi ilusaid vääriskive. Seal on kirjeldamatult suured vääriskivid, mis on väga ilusate värvidega. Seal on nii palju vääriskivide liike, et neid kõiki ei ole võimalik üles lugedagi ja mõned neist säravad topelt või isegi kolmekordselt kattuva valgusega.

Muidugi on Kolmandas taevas palju vääriskive. Aga hoolimata nende mitmekesisusest ei saa Kolmanda taeva vääriskive võrrelda Uue Jeruusalemma omadega. Kolmandas taevas ei ole ühtegi vääriskivi, mis säraks topelt või kolmekordse valgusega. Kolmanda taeva vääriskividel on palju ilusam valgus, võrreldes Esimese või Teise taeva omadega, kuid need on üksnes lihtsad peamised vääriskivid ja isegi samasugune vääriskivi on Uue Jeruusalemma omast vähem ilusam.

Sellepärast vaatavad sealolijad, kes on Jumala au täis Uuest Jeruusalemmast välja jäänud, Uut Jeruusalemma ja igatsevad jäädavalt seal olla.

„Kui ma üksnes oleksin proovinud veidi rohkem ja oleksin kogu Jumala koja üle ustavam olnud..."
„Kui üksnes Isa kutsuks mu nime korra..."

"Kui mind kutsutaks vaid veelkord..."

Kolmandas taevas on kirjeldamatult palju õnne ja ilu, aga seda ei saa võrrelda Uues Jeruusalemmas olevaga.

2. Missugused inimesed lähevad kolmandasse taevasse?

Kui te avate südame ja võtate Jeesus Kristuse oma Päästjaks, tuleb Püha Vaim ja õpetab teile patu, õiguse ja kohtu kohta ja annab teile arusaamise tõest. Kui te kuuletute Jumala Sõnale, vabanete te igasugusest kurjast ja saate pühitsetud ja teie hing on olukorras, kus ta edeneb hästi neljandal usutasemel.

Need, kes jõuavad neljandale usutasemele, armastavad Jumalat väga ja Jumal armastab neid ja nad lähevad kolmandasse taevasse. Missugusel inimesel on siis usk, mis võib viia teda kolmandasse taevasse?

Pühitsus igasugusest kurjast vabanemise kaudu

Vana Testamendi ajal ei antud inimestele Püha Vaimu. Seega nad ei suutnud oma jõuga sügaval südames olevatest pattudest vabaneda. Sellepärast teostasid nad füüsilise ümberlõikamise ja nad ei pidanud kurja patuks muidu, kui selle ilmnemisel tegude kaudu. Isegi kui keegi mõtles mõrvast, ei peetud seda patuks niikaua kui mõte oli realiseerimata. Üksnes siis kui mõte teoks tehti, peeti seda patuks.

Kuid Uue Testamendi ajal, kui Isand Jeesus Kristus vastu

võtta, tuleb inimsüdamesse Püha Vaim. Juhul kui teie süda ei ole pühitsetud, ei saa te kolmandasse taevasse minna, kuna te saate oma südame Püha Vaimu abiga ümber lõigata.

Seetõttu saab kolmandasse taevasse vaid siis kui vabaneda igasugusest kurjast nagu vihkamine, abielurikkumine, ahnus ja sarnane ja siis pühitsetuks saada. Missugusel inimesel on siis pühitsetud süda? Tal on niisugune vaimne armastus, mille kirjeldus on 1. Korintlastele 13. peatükis, Püha Vaimu üheksa vilja Galaatlastele 5. peatükist ja Õndsakskiitmised Matteuse 5. peatükist ja ta sarnaneb Isanda pühadusele.

Muidugi ei tähenda see, et ta oleks Isandaga samal tasemel. Hoolimata sellest, kui palju inimene pattudest vabaneb ja pühitsetud saab, erineb tema tase väga palju valguse allika – Jumala omast.

Seetõttu, selleks et oma südant pühitseda, on esiteks vaja oma südames hea pinnas valmistada. Teiste sõnadega, te peaksite valmistama oma südames head pinnast ja mitte tegema seda, mida Piiblis teha keelatakse ja vabanema sellest, millest Piibel vabaks saada käsib. Ainult siis võite te head vilja kanda kui seemneid külvatakse. Nii nagu põllumees külvab seemned pärast maa raadamist, tärkavad teie sisse külvatud seemned, õitsevad ja kannavad vilja, kui te olete teinud seda, mida Jumal teha käskis ja pidanud kinni sellest, millest Ta kinni pidada käskis.

Seega, pühitsus tähistab olekut, kus inimene puhastatakse pärast ta uuestisündi veest ja Pühast Vaimust Püha Vaimu töö kaudu algselt tehtud pattudest Jeesuse Kristuse lunastavasse väesse uskumise läbi. Pattude andekssaamine Jeesuse Kristuse veresse usu teel erineb teis olevast patuloomusest vabaks saamisest Püha Vaimu abil, kui te palvetate tuliselt ja pidevalt, paastudes.

Jeesuse Kristuse vastuvõtmine ja Jumala lapseks saamine ei tähenda, et kõik patud saaksid südamest täielikult eemaldatud. Teis on ikkagi kurjust nagu vihkamist, uhkust ja sarnast ja sellepärast on kurja tuvastamise protsess Jumala Sõna kuulamise ja kurja vastu verevalamiseni seismise teel, oluline. (Heebrealastele 12:4).

Niimoodi vabanetakse liha tegudest ja liigutakse pühitsuse suunaliselt. Pühitsus on seisund, kus te pole vabanenud üksnes liha tegudest, vaid ka liha soovidest oma südames, see on neljas usutase.

Pühitsetud pärast loomuomastest pattudest vabanemist

Missugused on siis loomuomased patud? Need on kõik patud, mis kandusid Aadama sõnakuulmatusest alates vanemate eluseemnetega pärilikult edasi. Näiteks võib leida, et alla aastase imiku meeles on kurjust. Kuigi imiku ema ei ole talle kunagi õpetanud kurja nagu vihkamist ega armukadedust, vihastub ta ja teeb kurja kui ta ema imetab rinnaga naabrilast. Ja ta võib püüda naabrilast eemale lükata ja hakkab nutma viha tõttu kui imik ei lahku tema ema juurest.

Samamoodi, kuigi isegi imiku puhul võib näha kurja sugemeid, olgugi et ta ei ole kurja varem tundma õppinud, tuleneb see tema loomuses olevast patust. Ka ise sooritatud patud on südame patusoovidele järgnevate füüsiliste tegude läbi avalduvad patud.

Muidugi kui teid on pärispatust pühitsetud, on ilmselge, et teie endi sooritatud patud langevad ära, kuna patujuur on eemaldatud. Seetõttu on vaimne taassünd pühitsuse algus ja pühitsus toob uuestisünni täiuse. Seega ma loodan, et te elate pühitsusele jõudmiseks edukat kristlikku elu, kui te olete uuesti sündinud.

Kui te tõesti tahate saada pühitsetud ja taastada Jumala kadumaläinud kuju ja selleks parimat anda, siis te suudate Jumala armu ja jõuga ja Püha Vaimu abiga oma loomuses pattudest vabaneda. Ma loodan, et te sarnanete Jumala pühale südamele, kui Ta õhutab teid: „*Olge pühad, sest mina olen püha*" (1. Peetruse 1:16).

Pühitsetud, kuid mitte täiesti ustav kogu Jumala kojas

Jumal lubas mul vaimselt suhelda isikuga, kes on juba surnud ja kes vastas kolmandasse taevasse mineku jaoks vajalikele tingimustele. Tema maja värav on kaunistatud kaarjate pärlitega, kuna ta palvetas maa peal väga palju, pisarais ja leinates ja kannatlikkusega. Ta oli väga ustav usklik, kes palvetas jumalariigi ja selle õigsuse, oma koguduse, selle jumalasulaste ja koguduseliikmete eest suure kannatlikkuse ja pisaratega.

Enne Isandaga kohtumist oli ta väga vaene ja õnnetu, tal ei olnud ühtegi kullatükikestki. Pärast Isanda vastuvõtmist võis ta joosta pühitsuse suunas, sest ta kuuletus Tõele kui ta kuulas Jumala Sõna ja mõistis Tõde.

Ta võis samuti oma kohust hästi täita, kuna ta sai palju õpetust jumalasulaselt, keda Jumal väga armastab ja teenis teda hästi. Selle tõttu võis ta lõpuks minna säravamasse ja aulisemasse kohta kolmandas taevas.

Pealegi, tema maja väravasse asetatakse Uuest Jeruusalemmast pärit väga särav vääriskivi. Selle vääriskivi annab talle jumalasulane, keda ta maa peal teenis. Ta võtab oma elutoas olevatest vääriskividest ühe ja paneb selle teda külastades naise väravale. See vääriskivi on tähiseks, et too jumalasulane, keda ta maa peal teenis, tunneb temast puudust, kuna ta ei saanud Uude Jeruusalemma minna, isegi kui ta oli jumalasulasele maa peal väga suureks abiks. Väga paljud kolmanda taeva inimesed tunnevad selle vääriskivi tõttu kadedust.

Aga ta on ikkagi kurb, et ta ei saanud Uude Jeruusalemma minna. Kui tal oleks olnud Uude Jeruusalemma mineku jaoks piisavalt usku, oleks ta olnud Isandaga ja jumalasulasega, keda ta maa peal teenis ja teiste armastatud koguduseliikmetega. Kui ta oleks maa peal veidi ustavam olnud, oleks ta Uude Jeruusalemma minna saanud, aga ta minetas saadud võimaluse sõnakuulmatuse tõttu.

Aga ta on väga tänulik ja sügavalt liigutatud talle omistatud au tõttu kolmandas taevas ja tunnistab järgmist. Ta on üksnes tänulik selle eest, et ta sai tasuks väärtuslikud esemed, mida ta ei oleks oma teenete eest pälvinud.

„Isegi kui ma ei saanud minna Isa aust tulvil Uude Jeruusalemma, sest ma ei olnud kõige poolest täiuslik, on mul kodu ilusas kolmandas taevas. Mu maja on nii suur ja ilus. Kuigi see ei ole tõesti suur võrreldes Uue Jeruusalemma majadega, sain ma nii palju imetoredaid ja imeväärseid asju, mida maailmas pole võimalik ette kujutadagi.

Ma ei ole midagi teinud. Ma ei ole midagi andnud. Ma ei

Taevas I

ole midagi tõesti abivalmit teinud. Ja ma ei ole Isandale midagi rõõmustavat teinud. Kuid mu siinne au on nii suur, et ma võin tunda vaid kurbust ja tänu. Ma tänan Jumalat ka selle eest, et Ta lubab mul olla kolmanda taeva aulisemas paigas."

Märtriusuga inimesed

Nii nagu Jumalat väga armastav inimene, kes oma südames pühitsetud saab, võib kolmandasse taevasse minna, võite teiegi minna vähemalt kolmandasse taevasse, kui teil on märtriusk, millega te võite Jumala jaoks ohverdada kõik – ka oma elu.

Kristliku algkoguduse liikmed, kes hoidsid usust kinni, kuni nende pea löödi otsast, lõvid sõid nad ära Rooma Colosseumis või nad põletati surnuks, saavad Taevas märtritasu. Niisuguse tugeva tagakiusu ja ähvarduste ajal ei ole lihtne märtriks saada.

Te olete ümbritsetud paljudest, kes ei pühitse Isanda päeva või kes jätavad Jumalalt saadud ülesande unarusse oma rahasoovi tõttu. Niisugused inimesed, kes ei suuda ka sellises väikeses asjas kuuletuda, ei suuda kunagi eluohtlikus olukorras oma usku hoida ega märtriks saada.

Missugustel inimestel on märtriusk? Neil, kellel on õige ja muutumatu süda nagu Taanielil Vanas Testamendis. Kuid neil, kes mõtlevad kaksipidiselt ja otsivad omakasu, maailmaga kompromissile minnes, on väga väike märtriks saamise võimalus.

Neil, kes võivad tõesti märtriteks saada, peab olema Taanieli sarnane muutumatu süda. Ta pidas kinni usu õigsusest, teades hästi, et teda visatakse selle eest lõvikoopasse. Ta pidas oma usust viimase hetkeni kinni, kuni ta visati kurjade inimeste riuka tõttu lõvikoopasse. Taaniel ei lahkunud kunagi Tõest, sest ta süda oli puhas ja rikkumatu.

Samamoodi läks Stefanosega Uues Testamendis. Ta loobiti kividega surnuks sel ajal kui ta kuulutas Isanda evangeeliumi. Stefanos oli samuti pühitsetud mees, kes võis palvetada isegi nende eest, kes teda kividega surnuks loopisid, hoolimata sellest, et ta ei olnud mitte milleski süüdi. Kui palju siis armastab teda Isand? Ta käib Isandaga igavesti Taevas ja tema ilu ja au on tohutult suured. Seega tuleks aru saada, et kõige olulisem on olla õiglane ja saavutada südame pühitsus.

Tänapäeval on väga vähestel tõeline usk. Isegi Jeesus küsis: *"Ometi, kui Inimese Poeg tuleb, kas Ta leiab usku maa pealt?"* (Luuka 18:8) Kui kallis on Jumala silmis see, kui te saate Tema pühitsetud lapseks, pidades kinni usust ja vabanedes kõigest kurjast isegi selles pattudest tulvil maailmas olles?

Seetõttu ma palun Isanda nimel, et te palvetaksite tuliselt ja teie süda võiks kiiresti pühitsetud saada ning te ootaksite igatsusega Taevast au ja tasu, mida Isa Jumal teile Taevas annab.

10. peatükk

Uus Jerusalemm

1. Uue Jeruusalemma inimesed näevad Jumalat palest palgesse
2. Missugused inimesed lähevad Uude Jeruusalemma?

*Ja ma nägin püha linna, Uut Jeruusalemma,
Taevast Jumala juurest alla tulevat,
valmistatud otsekui oma mehele ehitud
mõrsja.*

- Johannese ilmutus 21:2 -

Uues Jeruusalemmas, mis on Taeva kõige ilusam koht ja täis Jumala au, on Jumala troon, Isanda ja Püha Vaimu lossid ja kõige kõrgema usutasemega inimesed, kes olid Jumalale seetõttu väga meeltmööda. Uue Jeruusalemma majasid valmistatakse kõige ilusamalt, sellisteks nagu majade tulevased peremehed neid maju näha tahavad. Selleks, et minna Uude Jeruusalemma, mis on selge ja särav nagu mägikristall ja Jumalaga igavesti tõelist armastust jagada, ei pea te üksnes Jumala pühale südamele sarnane olema, vaid ka täitma oma kohust täielikult nagu Isand Jeesus toda tegi.
Milline koht on siis Uus Jeruusalemm ja missugused inimesed sinna lähevad?

1. Uue Jeruusalemma inimesed näevad Jumalat palgest palgesse

Uus Jeruusalemm, mida kutsutakse ka taevaseks Pühaks linnaks, on nii ilus nagu mõrsja, kes on end abikaasa jaoks ette valmistanud. Sealsetel inimestel on eelisoigus Jumalaga palest palgesse kohtuda, sest Ta troon asub seal.

Seda kutsutakse ka „au linnaks," sest kui te Uude Jeruusalemma lähete, saate te igavesti Jumalalt au. Selle sein on jaspisest ja linn ise on puhtast kullast, mis on puhas kui klaas. Linna igas neljas küljes – põhjas, lõunas, idas ja läänes – on kolm väravat ja iga väravat valvab ingel. Linna kaksteist alust on kaheteistkümnest erinevast vääriskivist.

Uue Jeruusalemma kaksteist pärliväravat

Miks on siis Uue Jeruusalemma kaksteist väravat pärlidest valmistatud? Pärlikarp on väga vastupidav ja annab kogu oma mahla ühe pärli moodustamiseks. Samamoodi tuleb pattudest loobuda ja nende vastu verevalamiseni seista ja Jumala ees vastupidavuse ja enesevalitsusega surmani ustav olla. Jumal tegi pärliväravad, sest te peate oma olukorrad rõõmuga võitma, et isegi kitsast teed pidi minnes Jumalalt saadud ülesanded täita.

Seega kui Uude Jeruusalemma sisenev inimene läheb pärliväravast läbi, nutab ta rõõmust ja ootusest. Ta tänab end Uude Jeruusalemma toonud Jumalat sõnulseletamatult ja annab Talle au.

Samuti, mis põhjusel tegi Jumal kaksteist aluskivi kaheteistkümnest eri vääriskivist? Ta tegi nii, kuna kaheteistkümne vääriskivi kombinatsioon tähistab Isanda ja Isa südant.

Seetõttu te peaksite Uude Jeruusalemma mineku jaoks aru saama iga vääriskivi vaimsest tähendusest ja need vaimsed tähendused oma südamesse saama. Ma selgitan nende tähenduste kohta lähemalt raamatus *Taevas II: Täis Jumala au*.

Uue Jeruusalemma majad on täiesti erinevad, kuid ühtsed

Uue Jeruusalemma majad on suuruse ja suurejoonelisuse poolest nagu lossid. Iga maja on ainulaadne, vastavalt omaniku eelistustele ja on täiuslikult ühtne ning erilaadne. Samuti annavad vääriskividest lähtuvad erinevad värvid ja valgused kirjeldamatu ilu- ja autunde.

Inimesed võivad pelgalt vaadates ära tunda, kellele mingi maja kuulub. Nad võivad auvalgust ja maja kaunistavaid vääriskive nähes aru saada, kui palju majaomanik Jumalale maa peal elades meeltmööda oli.

Näiteks on maapealse märtri kodu kaunistatud ja sinna on salvestatud omaniku süda ja saavutused kuni märtrisurmani. Salvestis on kuldplaadil ja särab väga eredalt. Sinna on kirja pandud: „Selle maja omanik oli märter ja täitis Isa tahte __ päeval__kuul____aastal."

Isegi väravast võivad inimesed näha eredat valgust, mis lähtub kuldplaadist, kuhu on salvestatud omaniku saavutused ja kõik, kes seda näevad, kummarduvad. Märtriseisus on väga suur au ja selle tasu on suur. See on Jumala uhkus ja rõõm.

Kuna Taevas ei ole kurja, kummarduvad inimesed automaatselt, vastavalt aukraadile ja Jumala armastuse sügavusele selle inimese suhtes. Samuti, nii nagu inimesed kingivad suurte saavutuste või teeneka teenistuse eest tänutahvleid, annab ka Jumal igaühele Temale au toomise eest pidulikult mälestustahvli. Te võite näha, et lõhnad ja valgused erinevad eri mälestustahvlite puhul.

Veelgi, Jumal annab inimeste majadesse midagi, mille abil nad saavad meenutada oma maapealset elu. Muidugi te võite ka Taevas näha möödunud maapealseid sündmusi televiisori taolise riistapuu abil.

Kuld- või õigsuse pärg

Uude Jeruusalemma minnes saadakse oma eramaja ja kuldpärg ja teie tegude eest tasutakse teile õiguse pärjaga. See on

181

Taeva kõige aulisem ja ilusam pärg.

Jumal ise tasub kuldpärgadega neile, kes Uude Jeruusalemma lähevad ja Jumala trooni ümber on kakskümmend neli kuldpärgadega vanemat.

Ja trooni ümber oli kakskümmend neli trooni ning neil troonidel istus kakskümmend neli vanemat, valged rõivad üll ja peas kuldpärjad (Johannese ilmutus 4:4).

„Vanemad" ei tähista siin maapealsetele kogudustele antud tiitlit, vaid neid, kes on Jumala silmis õiged ja keda Jumal tunnustab. Nad on pühitsetud ja nad on teinud oma südamest pühamu, samamoodi on nad ehitanud nähtavat pühamut. „Südamest pühamu tegemine" tähendab igasugusest kurjast vabanemise teel vaimseks inimeseks saamist. Nähtava pühamu ülesehitamine tähendab maapealsete kohustuste täielikku täitmist.

Number „kakskümmend neli" tähistab kõiki inimesi, kes sisenesid usu kaudu pääsemise väravast nagu kaksteist Iisraeli suguharu ja said pühitsetud nagu kaksteist Isand Jeesuse jüngrit. Seega tähistavad „kakskümmend neli vanemat" Jumala poolt tunnustatud jumalalapsi, kes on ustavad kogu Jumala koja üle.

Seetõttu, need, kelle usk on kullataoline, mis ei muutu kunagi, saavad kuldpärjad ja need, kes igatsevad Isanda ilmumist, nii nagu apostel Paulus igatses, saavad õiguse pärja.

Olen võidelnud head võitlemist, lõpetanud elujooksu, säilitanud usu. Nüüd on mulle valmis pandud õiguse pärg, mille Isand, õiglane kohtunik, oma päeval mulle annab, aga mitte üksnes mulle, vaid kõikidele, kes igatsevad Tema ilmumist (2. Timoteosele 4:7-8).

Need, kes igatsevad Isanda ilmumist, elavad ilmselt valguses ja Tões ja neist saavad hästi ette valmistatud astjad ja Isanda mõrsjad. Seega nad saavad ka vastavad pärjad. Apostel Paulust ei masendanud tagakius ega raskus, vaid ta püüdis üksnes jumalariiki suurendada ja Tema õigust teha kõiges, mida ta ette võttis. Ta ilmutas oma töö ja püsivuse kaudu väga palju Jumala au kõikjal, kuhu ta läks. Sellepärast valmistas Jumal apostel Pauluse jaoks õiguse pärja. Ja Ta annab selle igaühele, kes igatseb Isanda ilmumist tema sarnaselt.

Iga nende südameigatsus täitub

See, mis teil oli maa peal mõttes ja mida te teha armastasite, kuid millest te loobusite Isanda pärast – Jumal annab teile kõik need asjad Uues Jeruusalemmas ilusate tasudena tagasi.

Seega on Uue Jeruusalemma majades kõik, mida te soovinud olete, et te võiksite teha kõike, mida te teha soovisite. Mõne maja juures on järved, seega majaomanikud võivad paadiga sõita ja mõnedel on mets, kus nad jalutada saavad. Inimesed võivad ka oma lähedastega ilusas aianurgas teed juues rääkida. Seal on majad ja muru ja lilli täis aasad, et inimesed võiksid jalutada või paljude lindude ja ilusate loomadega kiitust laulda.

Sedamoodi tegi Jumal Taevas kõik, mida te selle maa peal soovisite ja ei jätnud ainsatki asja tähelepanuta. Kui sügav on teie meeleliigutus, kui te näete kõike seda, mida Jumal on teie jaoks suure hoolega valmistanud?

Tegelikult on Uude Jeruusalemma mineku võimalus iseenesest õnne allikas. Te elate igavesti muutumatu õnne, au ja ilu sees. Te olete täis rõõmu ja põnevil kui te vaatate maha või taevasse, või ükskõik missugusesse kohta.

Inimesed tunnevad rahulolu, mugavust ja turvatunnet üksnes Uues Jeruusalemmas viibimisest, kuna Jumal tegi selle oma lastele, keda Ta tõeliselt armastab ja iga sealne nurk on täidetud Tema armastusega.

Seega kõiges, mida te teete – kas te kõnnite, puhkate, mängite, sööte või räägite teiste inimestega – olete te täis õnne ja rõõmu.

Puud, lilled, rohi ja isegi loomad on kõik armsad ja te tunnete suurejoonelist au lossimüüridel, kaunistustes ja maja rajatistes.

Uues Jeruusalemmas on armastus Isa Jumala vastu nagu läte ja te täitute igavese õnne, tänu ja rõõmuga.

Jumala palest palgesse nägemine

Uues Jeruusalemmas, kus on kõige suuremal määral au, ilu ja õnne, võib Jumalaga palest palgesse kohtuda ja Isandaga käia ja oma armsamatega igavesest ajast igavesti elada.

Teid ei imetle üksnes inglid ja taevased väed, vaid ka kogu Taeva inimesed. Pealegi, teie inglid teenivad teid nii nagu kuningat, nad täidavad täielikult kõik teie soovid ja vajadused. Kui te tahate Taevas lennata, tuleb pilveauto ja peatub otse teie jalge ees. Niipea kui te pilveautosse sisenete, võite te Taevas ringi lennata nii palju kui te soovite või maad mööda sõita.

Niisiis, kui te lähete Uude Jeruusalemma, võite te Jumalat palest palgesse näha, elada igavesti oma lähedastega ja kõik teie soovid täituvad silmapilkselt. Te võite saada kõik, mida te soovite ja teid koheldakse nagu muinasjutuprintsi või printsessi.

Uue Jeruusalemma pidusöömaaegadel osalemine

Uues Jeruusalemmas on alati pidusöömaajad. Vahel võõrustab pidusöömaaegadel Isa ja vahel teeb seda Isand või Püha Vaim. Te võite nende pidusöömaaegade kaudu väga hästi taevast rõõmu tunda. Te võite neil pidusöömaaegadel silmapilgu jooksul küllust, vabadust, ilu ja rõõmu tunda.

Kui te osalete Isa korraldatud pidusöömaaegadel, panete te selga parimad riided ja kaunistused ja sööte ja joote parimat rooga ja parimaid jooke. Teile meeldib ka imekena ja ilus muusika, kiitus ja tantsud. Te võite näha ingleid tantsimas ja vahel võite te Jumala rõõmuks ise tantsida.

Inglid on tehnika poolest palju ilusamad ja täiuslikumad, aga Jumalale teeb suuremat heameelt Tema südant tundvate ja Teda kogu südamest armastavate laste hea lõhn.

Need, kes Jumalale toodud ülistuse teenistusel maa peal teenisid, teenivad ka neil pidusöömaaegadel, tehes need õndsamateks ja need, kes Jumalat laulu, tantsu ja mänguga kiitsid, teevad taevastel pidusöömaaegadel sedasama.

Te panete selga pehme, koheva rüü, mida on paljudes mustrites, imeilusa pärja ja vääriskividest kaunistused, millel on nii hiilgavad valgused. Samuti sõidate te söömaajale pilveauto või kuldkaarikuga inglite eskordi saatel. Kas teie süda ei hakka rõõmust ja ootusärevusest juba kõige selle pelga ettekujutamise peale tukslema?

Klaasmere kruiisifestival

Ilusas taevameres voolab selge puhas veekogu, mis on nagu kristall, veatu ja plekitu. Sinise mere vees on rannikutuules õrnad lained ja see särab eredalt. Väga läbipaistvas vees ujub palju kalu ja kui inimesed neile lähenevad, tervitavad kalad neid uimeliigutustega ja avaldavad armastust.

Samuti moodustuvad mitmevärvilistest korallidest rühmad ja õõtsuvad. Iga kord kui nad liiguvad, tuleb neist ilusates värvides valgust. See on imetore vaatepilt! Meres on palju väikeseid saari ja need näevad imelusad välja. Veelgi, merel seilavad „Titanicu" sarnased kruiisilaevad ja laeva pardal on samamoodi pidusöömaajad.

Need laevad on varustatud igasuguste seadmetega, kaasa arvatud mugav majutus, keeglirajad, ujumisbasseinid ja tantsusaalid, et inimesed võiksid nautida kõike, mida nad soovivad.

Juba ettekujutus kõikidest laevadel toimuvatest pidustustest Isanda ja armastatud inimeste seltskonnas neil laevadel, mis on suurejoonelisemad ja kaunistatud imelisemalt kui ükskõik milline maapealne luksuslik kruiisilaev, valmistab suurt rõõmu.

2. Missugused inimesed lähevad Uude Jeruusalemma?

Need, kellel on kullataoline süda ja kes igatsevad Isanda ilmumist ja kes valmistavad end mõrsjatena ette, saavad Uude Jeruusalemma minna. Missugune inimene te peate siis olema, et minna Uude Jeruusalemma, mis on selge ja kaunis kui mägikristall ja täis Jumala armu?

Inimesed, kellel on Jumalale meelepärane usk

Uus Jeruusalemm on koht viiendal usutasemel olijatele – kes ei ole vaid südamelt täiesti pühitsetud, vaid kes olid ka ustavad kogu Jumala koja üle.

Jumalale meelepärane usk on niisugune usk, millega Jumal on täiesti rahul, seega Ta tahab oma laste palveid ja soove täita juba enne kui nad midagi paluvad.

Kuidas te võite siis Jumalale meelepärane olla? Ma toon teile näite. Ütleme, et isa tuleb töölt koju ja ütleb oma kahele pojale, et tal on janu. Esimene poeg, kes teab, et isale meeldib limonaad, toob isale klaasiga Coca-Colat või Sprite'i. Poeg masseerib isa samuti, et ta end mugavamalt tunneks, isegi kui isa tal seda teha ei palunud.

Teisest küljest toob teine poeg isale vaid klaasi vett ja läheb oma tuppa tagasi. Isa südant mõistes, milline neist kahest pojast võib isale rohkem meeltmööda olla?

Lihtsalt isa sõnale kuuletunud poja asemel, kes tõi talle vaid klaai vett, on isal tõenäoliselt parem meel pojast, kes tõi talle klaasi Coca-Colat, mis talle meeldis ja masseeris teda, ilma et ta oleks pidanud poega seda teha paluma.

Samamoodi teeb kolmandasse taevasse ja Uude Jeruusalemma läinud erinevaks see, mil määral need inimesed olid Isa Jumala südamele meeltmööda ja olid Isa tahte järgi ustavad.

Terve vaimuga inimestel on Jumala süda

Need, kellel on Jumalale meelepärane usk, täidavad oma südame vaid Tõega ja on ustavad kogu Jumala koja üle. Kogu Jumala koja üle ustavus tähendab, et nad täidavad oma ülesandeid rohkem kui neilt oodatakse ja teevad seda Kristuse enese usuga, kes oli Jumala tahtele surmani kuulekas ja ei hoolinud oma elust.

Seetõttu ei tee need, kes on ustavad kogu Jumala koja üle, tegusid oma meele ja mõtlemise järgi, vaid üksnes Isanda südamega, vaimusüdamest. Paulus kirjeldab Isanda Jeesuse südant Filiplastele 2:6-8.

[Kristus Jeesus], kes, olles Jumala kuju, ei arvanud osaks olla Jumalaga võrdne, vaid loobus iseenese olust, võttes orja kuju, saades inimese sarnaseks; ja Ta leiti välimuselt inimesena. Ta alandas iseennast, saades kuulekaks surmani, pealegi ristisurmani.

Jumal tõstis Ta omakorda üles ja andis Talle nime üle iga teise nime ja pani Ta istuma au sisse, Jumala troonist paremale käele ja andis Talle meelevalla olla „Kuningate kuningas" ja „Isandate isand."

Seega peaksite te suutma Jumala tahtele tingimusteta kuuletuda – nii nagu Jeesus, et teil oleks usk Uude Jeruusalemma minekuks. Seega peab Uue Jeruusalemma mineja suutma mõista isegi Jumala südame sügavust. Niisugune inimene on Jumalale meeltmööda, sest ta on Jumala tahte järgimisel surmani ustav.

Jumal puhastab oma lapsi ja juhatab neid, et nende usk oleks nagu kuld ja et nad võiksid Uude Jeruusalemma minna. Nii nagu kaevandaja peseb ja filtreerib kullaotsingutel kaua aega, hoiab Jumal oma silmad oma laste peal, kuniks nad muutuvad ilusateks hingedeks ja peseb oma Sõnaga nende patud ära. Mil iganes Ta leiab kullataolise usuga lapsi, rõõmustab Ta kogu vaeva, raske heitluse ja kurbuse kiuste, mida Ta talus inimese kasvatamiseks.

Need, kes lähevad Uude Jeruusalemma, on Jumala tõelised lapsed, kelle saamiseks Ta ootas kaua, kuni nende süda muutus Isanda südame sarnaseks ja nad said terve vaimu. Nad on Jumalale väga kallid ja Ta armastab neid väga palju. Sellepärast õhutab Jumal 1. Tessaloonikalastele 5:23: *„Aga rahu Jumal ise pühitsegu teid läbinisti ning teie vaim ja hing ja ihu olgu tervikuna hoitud laitmatuna meie Isanda Jeesuse Kristuse tulemiseks."*

Inimesed, kes täidavad märtrikohust rõõmuga

Märterlus tähendab oma elust loobumist. Seega on selle jaoks vaja tugevat otsusekindlust ja suurt andumust. Au ja mugavus, mis antakse pärast seda, kui inimene annab Jumala tahte täitmiseks oma elu nii nagu Jeesus tegi, on kirjeldamatu.

Muidugi on igaühel, kes läheb kolmandasse taevasse või Uude Jeruusalemma, märtrikssaamise usk, kuid see, kellest tegelikult saab märter, saab palju suurema au osaliseks. Kui te ei ole olukorras, kus teist märter saaks, peab teil olema märtrisüda ja täielik pühitsus ja te peaksite märtritasu saamiseks oma ülesanded täielikult täitma.

Jumal ilmutas mulle ükskord minu koguduse jumalasulase au, mida ta saab Uues Jeruusalemmas, kui ta oma märtrikohuse täidab. Kui ta jõuab pärast oma ülesande täitmist Taevasse, valab ta oma maja nähes Jumala armastuse eest tänulikult lõpmatult pisaraid. Tema maja väravas on väga suur aed, kus on palju eri lilli, puid ja muid kaunistusi. Aiast viib peahoonesse kuldtee ja lilled kiidavad omanikku tema saavutuste eest ja lohutavad teda ilusate lõhnadega. Lisaks sellele paistavad kuldsulgedega linnud valgust ja aias on ilusad puud. Arvukad inglid, kõik loomad ja isegi linnud kiidavad teda märtrisaavutuse eest ja tervitavad teda ja kui ta kõnnib lilledega teel, muutub armastus, mida ta Jumala vastu tunneb, ilusaks lõhnaks. Ta väljendab pidevalt kogu südamest oma tänulikkust.

„**Isand armastas mind tõesti nii palju ja andis mulle kalli ülesande! Sellepärast ma võin viibida Isa armastuse sees!**"

Maja sees kaunistavad paljud vääriskivid seinu ja veripunase karneoolikivi valgus ja safiiri valgus on erakordsed. Karneoolikivi näitab, et ta oli entusiastlik ja loobus oma elust kirgliku armastusega, nii nagu apostel Paulus. Safiir kujutab tema muutumatut õiget südant ja ausust surmani Tõest kinni pidades. See on märterluse mälestuseks.

Välisseintel on Jumala enese kirjutatu. Seal on kirjas omaniku katsumuste kuupäevad, millal ja kuidas temast märter sai ja missugustes oludes ta täitis Jumala tahte. Kui usuinimesed saavad märtriks, kiidavad nad Jumalat või räägivad vahel sõnu, mis toovad Talle au. Niisugused märkused on seina peale kirjutatud. Raidkiri särab nii eredalt ja avaldab igakülgselt muljet ja selle lugemine ja sellest tuleva valguse nägemine täidab teid rõõmuga. Kui muljetavaldav see on, kuna selle kirjutajaks oli Jumal, kes on valgus ise! Seega, iga selle maja külastaja kummardab nende kirjutiste ees, mis on Jumala enese kirjutatud!

Elutoa siseseintel on palju ekraane ja palju erinevaid seinamaalinguid. Joonistused selgitavad, kuidas ta tegutses, kui ta esiteks Isandaga kohtus – kui palju ta Isandat armastas ja missugust tööd ta teatud ajal tegi ja milline ta süda siis oli.

Samamoodi on ühes aianurgas imepärastest materjalidest eriliiki spordivarustus ja neil on kaunistused, mille laadset siin maa peal pole. Jumal tegi selle, et teda lohutada, kuna talle meeldis väga sporti teha, kuid ta loobus sellest teenistuse tõttu. Hantlid ei ole tehtud maapealsele sarnanevast metallist ega terasest, vaid Jumal tegi need ise ja neil on erilised kaunistused. Need on nagu ilusasti säravad vääriskivid. Hämmastaval moel on neil eri kaal, sõltuvalt inimesest, kes nendega harjutusi teeb. Seda varustust ei kasutata vormis püsimiseks, vaid hoitakse suveniirina, et see lohutust tooks.

Kuidas ta end tunneb, kui ta näeb kõike seda, mida Jumal on tema heaks valmistanud? Ta pidi Isanda pärast oma igatsustest loobuma, aga nüüd on tema süda tröösti saanud ja ta on nii tänulik Isa Jumala armastuse eest.

Ta ei suuda lõpetada tänamist ja Jumala pisarais kiitmist, sest Jumala õrn ja hooliv süda valmistas kõik, mida ta eales soovis ja ei jätnud tema südamesoovidest ainsatki täitmata.

Taevas I

Isanda ja Jumalaga täielikult ühendatud inimesed

Jumal näitas mulle, et Uues Jeruusalemmas on maja, mis on suure linna suurune. See oli nii hämmastav, et ma ei suutnud oma üllatust varjata, nähes selle suurust, ilu ja hiilgust.

Väga hiigelsuures majas on kaksteist väravat – kolm väravat igas ilmakaares – põhjas, lõunas, idas ja läänes. Keskel asetseb suur kolmekordne loss, mis on kaunistatud puhta kulla ja igasuguste vääriskividega.

Esimesel korrusel on väga suur saal, kus ei ole võimalik ühest otsast teise näha ja seal on palju elutubasid. Neid kasutatakse pidusöömaaegadeks või kohtumiskohtadeks. Teisel korrusel on toad, kus hoitakse ja näidatakse kroone, riideid ja suveniire ja seal on ka kohad, kus prohveteid vastu võetakse. Kolmandat korrust kasutatakse ainult Isandaga kohtumiseks ja Temaga armastuse jagamiseks.

Lossi ümbritsevad ilusa lõhnaga lilledega kaetud müürid. Eluvee jõgi voolab rahulikult ümber lossi ja üle jõe kaarduvad vikerkaarevärvides pilvesillad.

Aias toovad ilu täiuse paljud lillesordid, puud ja rohi. Jõe teisel kaldal on kirjeldamatult suur mets.

Seal on ka lõbustuspark, kus on palju atraktsioone nagu kristallrong, kullast Viikingisõit ja muud vääriskividega kaunistatud rajatised. Neist paistavad meeldivad valgused kui need töötavad. Lõbustuspargi kõrval asub avar lilledega tee ja lilledega tee kohal on tasandik, kus loomad mänglevad ja puhkavad rahulikult nagu maa troopilistel tasandikel.

Sellele lisaks on palju maju ja ehitisi, mis on kaunistatud paljude eri vääriskividega ja ilusad saaduslikud valgustused säravad kogu piirkonnas. Aia kõrval on ka veejuga ja mäekünka taga asub meri, millel seilavad suured „Titanicu" moodi kruiisilaevad. Kõik see moodustab osa majast, seega on nüüd võimalik ette kujutada, kui suur ja lai see maja on.

See maja, mis on suure linna sarnane, on taevane turistide külastuskoht ja meelitab ligi palju inimesi mitte vaid Uuest Jeruusalemmast, vaid kogu Taevast. Inimestel on tore olla ja nad jagavad Jumala armastust. Samamoodi teenivad omanikku paljud inglid, nad hoolitsevad hoonete ja rajatiste eest, eskordivad pilveautot ja kiidavad Jumalat tantsu ja muusikariistade mänguga. Kõik on tehtud ülima õnne ja mugavuse jaoks.

Jumal valmistas selle maja, sest selle omanik võitis igasugused katsumused ja kannatused usu, lootuse ja armastusega ja on juhatanud väga palju inimesi elusõna ja Jumala väega pääste teele, armastades Jumalat üle kõige muu.

Armastuse Jumal mäletab kõiki teie püüdeid ja pisaraid ja tasub tehtu kohaselt. Ja Ta tahab, et igaüks oleks Tema ja Isandaga eluandva armastusega ühendatud ja et nad saaksid vaimseteks töötegijateks, kes juhatavad arvukad inimesed päästeteele.

Need, kellel on Jumalale meelepärane usk, võivad eluandva armastuse läbi Tema ja Isandaga ühenduses olla, sest nad ei sarnane üksnes Jumala südamele ja ei ole täieliku vaimuga, vaid nad andsid märtritena ka oma elu. Need inimesed armastavad Jumalat ja Isandat tõeliselt. Isegi kui Taevast ei oleks, ei kahetseks nad ega tunneks kaotust maa peal tehtu ja kannatatu tõttu. Nende südamed on Jumala Sõna järgi tegutsemise ja Isandale töötegemise tõttu väga õnnelikud ja rõõmsad.

Muidugi elavad tõelise usuga inimesed Isandalt Taevas saadava tasu lootuses nii nagu kirjutatakse Heebrealastele 11:6: *"Aga ilma usuta on võimatu olla meelepärane, sest kes tuleb Jumala juurde, peab uskuma, et Tema on olemas ja et Ta annab palga neile, kes Teda otsivad."*

Aga neile ei loe, kas Taevas on olemas või mitte või kas tasud on olemas või mitte, sest on midagi kallimat. Nad tunnevad kõigest suuremat õnne kohtumisest Isa Jumala ja Isandaga, keda nad tõsiselt armastavad. Seetõttu on tasude saamise või Taevas elamise võimaluse puudumisest suurem ebaõnn, mis neid kurvastaks, kui puuduks võimalus Isa Jumala ja Isandaga kohtuda.

Need, kes näitavad oma suremutut armastust Jumala ja Isanda vastu oma elust loobumise teel, isegi siis kui õnnelik taevane elu puuduks, saavad oma eluandva armastuse kaudu üheks Isa ja Isanda – nende peigmehega. Kui suur on au ja tasu, mille Jumal neile on valmistanud!

Apostel Paulus, kes igatses Isanda ilmumist näha ja püüdis teha Isanda tegusid ja tõi nii paljud pääsemisele, tunnistas järgnevat:

> *Sest ma olen veendunud, et ei surm ega elu, ei inglid ega peainglid, ei praegused ega tulevased, ei väed, ei kõrgus, ei sügavus ega mis tahes muu loodu suuda meid lahutada Jumala armastusest, mis on Kristuses Jeesuses, meie Isandas* (Roomlastele 8:38-39).

Uus Jeruusalemm on koht Jumala lastele, kes on niisuguse armastuse kaudu Isa Jumalaga ühendatud. Uus Jeruusalemm, mis on selge ja ilus kui mägikristall ja kus on kirjeldamatu ülevoolav õnn ja rõõm, valmib niimoodi.

Armastuse Isa Jumal tahab, et igaüks ei saaks üksnes päästetud, vaid et nad sarnaneksid ka Tema pühadusele ja täiusele, et nad võiksid minna Uude Jeruusalemma.

Seega ma palun Isanda nimel, et te saaksite aru, et Isand, kes läks Taevasse teile tube valmistama, tuleb varsti tagasi ja et te saaksite terve vaimu ja hoiaksite end laitmatuna, et teist saaks ilus mõrsja, kes võib tunnistada: „Tule peatselt, Isand Jeesus."

Autor:
Dr. Jaerock Lee

Dr Jaerock Lee sündis 1943. aastal Muanis, Jeonnami provintsis, Korea Vabariigis. Kahekümnesena oli Dr Lee mitmete ravimatute haiguste tõttu seitse aastat haige ja ootas surma ilma paranemislootuseta. Kuid õde viis ta ühel 1974. aasta kevadpäeval kogudusse ja kui ta põlvitas, et palvetada, tervendas elav Jumal ta kohe kõigist haigustest.

Hetkest kui Dr Lee kohtus selle imelise kogemuse kaudu elava Jumalaga, on ta Jumalat kogu südamest siiralt armastanud ja Jumal kutsus ta 1978. aastal end teenima. Ta palvetas tuliselt, et ta võiks Jumala tahet selgelt mõista ja seda täielikult teha ning kuuletuda kogu Jumala Sõnale. 1982. aastal asutas ta Manmini koguduse Seoulis, Lõuna-Koreas ja tema koguduses on aset leidnud arvukad Jumala teod, kaasa arvatud imepärased tervenemised ja imed.

1986. aastal ordineeriti Dr Lee Korea Jeesuse Sungkyuli koguduse aastaassambleel pastoriks ja neli aastat hiljem – 1990. aastal, hakati tema jutlusi edastama Austraalia, Venemaa, Filipiinide ülekannetes ja paljudes muudes kohtades Kaug-Ida ringhäälingukompanii, Aasia ringhäälingujaama ja Washingtoni kristliku raadiosüsteemi vahendusel.

Kolm aastat hiljem, 1993. aastal, valis *Christian World (Kristliku maailma)* ajakiri (USA) Manmini Keskkoguduse üheks „Maailma 50 tähtsamast kogudusest" ja Christian Faith College *(Kristlik Usukolledž)*, Floridas, USA-s andis talle Teoloogia audoktori tiitli ja 1996. aastal sai ta Ph.D. teenistusalase kraadi Kingsway Teoloogiaseminarist Iowas, USA-s.

1993. aastast alates on Dr. Lee juhtinud maailma misjonitööd, viies läbi palju välismaiseid krusaade Tansaanias, Argentinas, L.A.-s, Baltimore City's, Havail ja New York City's USA-s, Ugandas, Jaapanis, Pakistanis, Kenyas, Filipiinidel, Hondurasel, Indias, Venemaal, Saksamaal, Peruus, Kongo Rahvavabariigis, Iisraelis ja Eestis.

2002. aastal kutsuti teda Korea peamistes kristlikes ajalehtedes tema väelise teenistuse tõttu erinevatel väliskoosolekusarjadel „ülemaailmseks äratusjutlustajaks". Ta kuulutas julgelt, et Jeesus Kristus on Messias ja

Päästja eriti „New Yorki 2006. aasta koosolekusarja" käigus, mis toimus maailma kuulsaimal laval Madison Square Gardenis ja mida edastati 220 riiki ja Jeruusalemma rahvusvahelises koosolekukeskuses toimunud „2009. aasta Iisraeli ühendkoosolekute sarja" käigus.

Tema jutlusi edastatakse 176 riiki satelliitide kaudu, kaasa arvatud GCN TV ja ta kuulus Venemaa populaarse kristliku ajakirja In Victory *(Võidukas)* ja uudisteagentuuri Christian Telegraph *(Kristlik Telegraaf)* sõnul 2009. ja 2010. aastal oma vägeva teleedastusteenistuse ja välismaiste koguduste pastoriks olemise tõttu kümne kõige mõjukama kristliku juhi sekka.

2016. aasta maikuust alates koosneb Manmini Keskkogudus rohkem kui 120 000 liikmest. Kogudusel on 10000 sisemaist ja välismaist harukogudust, mille hulka kuuluvad 56 kodumaist harukogudust ja praeguseni on sealt välja lähetatud rohkem kui 102 misjonäri 23 maale, kaasa arvatud Ameerika Ühendriigid, Venemaa, Saksamaa, Kanada, Jaapan, Hiina, Prantsusmaa, India, Kenya ja paljud muud maad.

Tänaseni on Dr. Lee kirjutanud 104 raamatut, kaasa arvatud bestsellerid *Maitsedes Igavest Elu Enne Surma, Minu Elu, Minu Usk I ja II osa, Risti Sõnum, Usu Mõõt, Taevas I ja II osa, Põrgu, Ärka Iisrael!* ja *Jumala Vägi* ja tema teosed on tõlgitud enam kui 76 keelde.

Tema kristlikud veerud ilmuvad väljaannetes *The Hankook Ilbo, The JoongAng Daily, The Chosun Ilbo, The Dong-A Ilbo, The Hankyoreh Shinmun, The Seoul Shinmun, The Kyunghyang Shinmun, The Korea Economic Daily, The Korea Herald, The Shisa News* ja *The Christian Press.*

Dr. Lee on praegu mitme misjoniorganisatsiooni ja -ühingu asutaja ja president, kaasa arvatud Jeesuse Kristuse Ühendatud Pühaduskogudus esimees; Ülemaailmse Kristliku Äratusmisjoni Liidu asutaja; Ülemaailmse Kristliku Võrgu CGN asutaja ja juhatuse esimees; Ülemaailmse Kristlike Arstide Võrgu WCDN asutaja ja juhatuse esimees; Manmini Rahvusvahelise Seminari MIS asutaja ja juhatuse esimees.

Teised kaalukad teosed samalt autorilt

Taevas II

Kutse Uue Jeruusalemma pühasse linna, mille kaksteist väravat on tehtud sätendavatest pärlitest ja mis asub tohutult suure Taeva keskel ja kiirgab säravalt väga hinnaliste kalliskivide sarnaselt.

Risti sõnum

Võimas äratussõnum kõigile, kes on vaimses unes! Sellest raamatust leiate te põhjuse, miks Jeesus on ainus Päästja ja tõeline Jumala armastus.

Põrgu

Tõsine sõnum kogu inimkonnale Jumalalt, kes soovib, et ükski hing ei sattuks põrgu sügavustesse! Te leiate mitte kunagi varem ilmutatud ülevaate surmavalla ja põrgu julmast tegelikkusest.

Vaim, Hing ja Ihu I & II

Inimese koostisosade – vaimu, hinge ja ihu vaimse mõistmise kaudu saavad lugejad näha oma „minaolemust" ja elust enesest aru saada.

Usumõõt

Missugune elukoht, aukroon ja tasu on sulle Taevas valmistatud? Sellest raamatust saab tarkust ja juhatust usu mõõtmiseks ja parima ning kõige küpsema usu arendamiseks.

Ärka, Iisrael

Miks on Jumal pidanud Iisraeli maailma algusest kuni tänapäevani silmas? Missugune Jumala ettehoole on lõpuajaks valmistatud Iisraelile, kes ootab Messiase tulekut?

Minu Elu ja Mu Usk I & II

Kõige hõrgum vaimne lõhn, mis tuleb Jumala armastusega õilmitsevast elust keset süngeid laineid, külma iket ja sügavaimat meeleheidet.

Jumala vägi

Kohustuslik kirjandus, mis on vajalik juhis tõelise usu omamiseks ja Jumala imelise väe kogemiseks.

www.urimbooks.com

www.ingramcontent.com/pod-product-compliance
Lightning Source LLC
LaVergne TN
LVHW041702060526
838201LV00043B/544